謹以此書獻給
與我同行二十五載婚姻路的丈夫
禮成
給我作母親福氣的兒子
天瑋
還有
對我不離不棄的
父神

親子敬拜樂園

霍張佩斯 著

基道出版社

▼

教會事工系列．兒童事工

親子敬拜樂園

作者
霍張佩斯 Gabie Fok

責任編輯
文肖玲、梁冠霆

封面設計
Losau

內文設計
鄒瑋芯

內文插畫
譚寶瑜

■

出版／發行
基道出版社
香港沙田火炭坳背灣街26號富騰工業中心1011室
LOGOS PUBLISHERS
Unit 1011, Fo Tan Ind. Centre, 26 Au Pui Wan St., Shatin, Hong Kong
電話：(852) 2687-0331　傳真：(852) 2687-0281
網址：http://www.logos.com.hk

承印
海洋印務有限公司

●

7/2013 初版
Cat. No. LP378
ISBN: 978-962-457-462-3

Printed in Hong Kong

刷次	10	9	8	7	6	5	4	3	2	1
年份	2022	2021	2020	2019	2018	2017	2016	2015	2014	2013

余序

不是談技巧，而是生命的示範

為張佩斯的新書寫序，心中有一番感謝和感恩的話要説。

感謝的話存於心中十多年了，這正好是一個表達的機會。我曾有一段很長的時間在金巴崙長老會道顯堂當義務牧師，而佩斯是我當時的會友。在這段期間看著她結婚、生子，也看著她的兒子成長，與他們一家建立了深厚的感情；但説到要感謝她，乃因她為道顯堂作了一樣很重要的貢獻。道顯由大學生為骨幹的教會，慢慢蜕變為年青家庭所組成的教會。眾多的會友在道顯生兒育女，嬰兒房剛爆滿，不一會，二、三歲，三、四歲的小孩們便遍滿教會。忽然間，兒童工作、親子事工、家庭整體的牧養成了大問題、大挑戰。對這方面一竅不通的我頓時手忙腳亂。一時間這工作沒有做好，代價也不小，一些家庭因兒童工作的不濟而離去。就在這時候，佩斯毅然負起責任，發動家長們組織起來參與兒童事工，牧養自己的子女。這羣家長滿有熱忱地策劃，「落手落腳」地實幹，教會的兒童事工終於成形。佩斯在其中的領導可謂至為關鍵。不止於此，當這事工擴展到一個極限，需要突破，佩斯因為對親子、家庭的負擔，竟毅然答應教會當義務同工，專責這方面的工作。因她的委身，道顯的兒童工作、親子活動有前所未有的發展。最令我感動的是，她和一羣母親，為了以信仰教養孩子，用盡心思，力求創新，編寫非常精彩的課程。在我看來，佩斯可説是一個地道的基督教教育家，結合信仰、教育理論、實戰經驗與多元創意，為教會勾畫出一幅有效的兒童事工及家庭牧養的藍圖。為此，我感謝她。

說到感恩，乃為她和她的家感謝神。神將祝福孩童的心放在佩斯心中，先讓她經歷孩童對她的祝福。一次她向我述說如何在一次聚會中被一羣少年人圍著，為她禱告。那次她深受激勵，確認她委身親子、家庭事工的感動是從神而來的。正因為這信念，她便盡心竭力的投入，也因為這身體力行的信念實踐，她的家庭便受到神額外的祝福。《親子敬拜樂園》這份教材可以說是從敬虔的家庭生活中提煉出來的。

在這家庭失效的世代，基督徒家庭也不能倖免；其實不少基督徒家庭正是社會的縮影，對於子女與父母嚴重疏離的困境，束手無策。《親子敬拜樂園》不是談理論，也不是談技巧，而是生命的示範。這本書寶貴的地方乃在此。我深信它會廣泛地祝福基督徒家庭。

余達心

中國神學研究院院長

張序

身體力行的親子敬拜

在甚麼情況下，我會向人推介一本書？有兩個條件：一、這本書的內容沒有違背我在讀經會事奉的原則；二、我真心喜愛這本書！基於此，我向所有基督徒父母、教會兒童工作者、學校老師，推薦這本由霍張佩斯姊妹所寫的《親子敬拜樂園》。

佩斯姊妹是讀經會兒童工作者證書課程及公開講座工作坊的講師。她的講學幹勁十足，滿有創意，深受學生歡迎。然而對我來說，最重要的是：她身體力行，教的與所做的配合，我相信，她是一位用筆寫心的作者，因為她所提及的理論，都是她和她家人實踐過的。所以，我信任佩斯的作品。

在二〇一二年兒童工作者證書課程的畢業禮上，佩斯姊妹對我說，她要出版一本有關親子敬拜的書，想請我寫序言，當時我的心「撲通」的重跳了一下，真巧，讀經會正在想全力發展兒童與家庭事工，且焦點是呼籲基督徒父母，要認真考慮在家建立一個家庭祭壇，帶領孩子敬拜天父。想不到，她寫的就是這類型的書，所以，我一口答應了！

相信大部分基督徒父母都同意，親子讀經、家庭崇拜很重要。但正如佩斯姊妹在書內「為何要在教會內推行親子敬拜」一文中所說，不論是忙碌，或是夫婦不和，都能導致這麼簡單的承諾沒法兌現。若是有心的父母，只好繼續維持基本的各自各敬拜，這已算是難得的了。不過我相信，假如有一套適切的教材，加上外來力量的推動，例如教會大氛圍的羣體力量影響，能夠實行親子敬拜的機率，應該會很高。在解決「怎樣開始、如何帶領」的難題上，《親子敬拜樂園》的確能夠助上一臂之力！

不少書籍的出版，都確實是在許多人的需要下促成的，然而並非每本書都是容易理解的。《親子敬拜樂園》佔了優勢，因為它剛好就是在許多人的需要下給寫成，至於它是否容易理解，就要看作者的功力了。佩斯姊妹以自己多年的經驗，寫成本書的首部分「設計理念」，再配合一貫的創意作風，寫成本書的第二、三部分「教案」，共十二篇的親子敬拜教案，足以讓想開始試行、卻又不知如何入手的導師和家長雀躍了。

想要開始親子敬拜嗎？就讓我們從《親子敬拜樂園》開始吧！

張楊淑儀

香港讀經會總幹事

許序

當天父成為親子的主角

當我們成為父母時，也是我們和天父建立更親密關係的良機。能在地上作父母是天父給我們的福氣；能在地上享受父母給我們的關愛也是恩典。如何幫助兒女在主愛中成長，從以自我為中心成長至以神為中心？家庭的屬靈教育是父母的重要責任之一。可惜這個屬靈任務，有時不被重視，有時更被外判給主日學、團契導師或教牧同工負責。

《親子敬拜樂園》是佩斯的新作。感謝主，藉著她的提醒，讓我們重新重視把天父放在家庭及眾人的中心，以基督的心為心。書中各個主題和活動都曾實踐過，所以十分實用和有效。

當天父成為親子的主角時，主就在我們中間，天堂就在我們的心。在地上的父母和子女，在天上都是天父珍愛的兒女，我們是彼此的守護天使、弟兄姊妹。

許娜娜

香港城市大學應用社會科學系助理教授

葉序

教會的家庭牧養事工

牧會多年，常遇上的問題，就是弟兄姊妹將子女屬靈生命的培育假手於人。聖經明明宣稱：「你們作兒女的，要在主裏聽從父母，這是理所當然的……你們作父親的，不要惹兒女的氣，只要照著主的教訓和警戒養育他們。」(弗六1~4)

「你要盡心、盡性、盡力愛耶和華——你的神。我今日所吩咐你的話都要記在心上，也要殷勤教訓你的兒女。無論你坐在家裏，行在路上，躺下，起來，都要談論。」(申六5~7)

教導兒女明白神的恩典與作為，是父母應有的責任；一同去親近神、認識神、經歷神，是建立親子關係的最佳途徑。另外，父母藉著分享在生活中的喜、怒、哀、樂，亦有助建立孩子的屬靈品格。

曾經邀請張佩斯姊妹到本堂主領親子崇拜，她從聖經故事入手，邀請在場弟兄姊妹的家庭成員扮演故事中的角色。雖然沒有經過綵排，但參加者仍能即場發揮，且亦相當投入，將角色演繹得活潑生動。而當中主要的信息是：「若然父母敬畏神，順服神，子女也因此蒙保護和祝福。」

當日霍禮成醫生（張佩斯姊妹的丈夫）則分享家庭祭壇的好處。他提到特別作為一個父親，是屬靈的帶領者，縱然忙得不可開交，卻不可輕看這個角色。他透過自己的見證，講述其兒子的蒙福之路，並指出潛移默化地把正確價值觀傳承給下一代的重要性。

在教會中有一個家庭，半年內有兩個親人離世，患有阿氏保加症的兒子情況不穩定，每遇考試便有許多壓力，這自然地亦牽引起父母的心情。感恩的是，他們夫婦二人更加同心，並開始建立家庭祭壇，一起敬拜、禱告、讀經；不只讀經，還抄寫聖經；不只抄寫聖經，還用聖經來禱告。最近一次考試，兒子竟然平靜度過。可見父母願意築起祭壇，福氣便會伴隨整個家庭。

《親子敬拜樂園》不單是一套理論，更是可以實踐而有助建立家庭崇拜的材料，我誠意推薦這本書。作為牧者，應鼓勵會友在家中建立家庭祭壇；作為父母，更應該將神的話語殷勤教導自己的兒女。聖經說：「少年人用甚麼潔淨他的行為呢？是要遵行你的話……耶和華啊，你是應當稱頌的！求你將你的律例教訓我！」（詩一一九9~12）若要子女成為敬虔的人，父母必須承擔此責。

葉淑嫺

循道衛理聯合教會將軍澳堂宣教師

文夫序

親親孩子，親親天父

一個星期六的下午，在一所幼稚園的課室內，有一些父母正在和他們的孩子參與親子活動，留心聽著講者説話。突然間房門打開了，有一個中年男士上氣不接下氣的走進來，急速閃到一個約四歲的女孩子身旁迅速坐下。短暫擾攘之後，各人很快又注目在講者身上，繼續留心聆聽……這樣的情況在每次聚會都重複出現，但我每次看到那個男士進來的時候，心中卻不是埋怨他為何打擾別人，而是讓我肅然起敬，深知這位父親每次都是很匆忙地放下工作，趕來和他的女兒一起參與親子活動，很多時連午飯也來不及吃！

作了父親二十多年，也曾在為父的職分上經歷起起跌跌，心中很明白那位父親的難處，每次都不期然在心裏為他禱告，懇求父神給他能力持守作父親的職分，做好作為家庭的供應者、女兒的守護者和啟蒙者的職分，並把他的女兒帶到父神面前。

今天當父母確實並不容易。對許多人而言，特別是作父親的，生活已把他們壓得透不過氣來，經過長時間辛勞工作之後，哪還有時間和精神去教導、陪伴孩子呢？許多時便順理成章地把教導子女的責任完全交託給母親。今早閱報看到社區藥物教育輔導會發表的「兒童與藥物誤用調查報告」，其中一項提及「只有約百分二十的父親參與幼兒家庭藥物教育，參與度嚴重不足，顯示預防子女誤用藥物的重擔只落在母親身上（母親參與比例約百分之八十）」，這或多或少反映著現今香港父母在教養子女方面的分工狀況。「我兒，要聽你父親的訓誨，不可離棄你母親的法則。」（箴一8）這清楚提醒我們教養子女是父母共同的事奉，母親並不能取代父親作為兒子在學習男性角色的榜樣，或作為女兒學習與異性相處的對象位置。心理學上，在孩子的成長過程中，父親在性別角色上的示範作用也是很重要的，是不能由母親（縱然是已經十全十美）替代的。

作為基督徒父母，把子女帶到父神面前是愛子女的一個表現。今天無論我們供給子女的學術教育是何等卓越，體藝音樂造就是何等出色，以致他們是何等的出類拔萃，終有一日這些都要成為過去。聖經上有話語說：「我今日所吩咐你的話都要記在心上，也要殷勤教訓你的兒女。」（申六6~7）「我們不將這些事向他們的子孫隱瞞，要將耶和華的美德和他的能力，並他奇妙的作為，述說給後代聽。因為，他在雅各中立法度，在以色列中設律法；是他吩咐我們祖宗要傳給子孫的，使將要生的後代子孫可以曉得；他們也要起來告訴他們的子孫，好叫他們仰望神，不忘記神的作為，惟要守他的命令。」（詩七十八4~7）這提示我們作為基督徒父母，教導子女是我們不可或缺的一環。

從我們兒子年幼的時候開始，我和太太每天睡覺前，都和兒子一起來到父神面前，一起看聖經、祈禱。他現在已是二十多歲的有為年青人，還每晚主動的和我們一起分享，一同禱告，將我們的喜樂、擔憂交託父神。

父神，願祢保守天下每位父母親，給他們能力、智慧作好祢所交託給他們的職分，並在其中享受祢所賜予的養兒育女福氣。阿們。

霍禮成

兒子序

我們愛，因為神先愛我們

“Be sure to teach the families to pray all together – father, mother and children. For the family that prays together stays together, and if they stay together they will love one another as Jesus loves each one of them.” Mother Teresa

我們活在一個破碎家庭的時代。每天打開報章都會看到家庭糾紛、家庭暴力等新聞。當你仔細閱讀這些新聞時，你會發覺很多問題都是因誤解而引起的。因此，父母與子女之間的溝通是很重要的。父母應在子女年幼的時候就建立良好溝通的橋梁。對於非基督徒家庭來説，溝通一般只是談天或出外活動，一享天倫之樂。但在基督徒家庭裏，溝通就更多元化，包括一起敬拜和祈禱。我認為對於建立良好家庭關係，祈禱較一家人一起返教會更為重要。因為返教會敬拜只是一星期一次，但一家人可以天天祈禱。我個人覺得祈禱是一種很好的溝通方法。其實，禱告就好像談天，當一起禱告時，一家人的感覺會更加親密。因為，談天只是分享，但在禱告時，除了分享外還有互相支持的感覺。而且在禱告後，一家人一起經歷神的恩典和回應的過程，是一個奇妙的經驗。

從小我父母就每天與我一起禱告。當我還是小孩的時候，禱告通常只限於謝飯禱或簡單的禱文。但請不要低估這些簡單又簡短的禱告，因為當孩子從小就天天禱告，便會培養成一種習慣。當我長大一些的時候，父母就開始教我將日常在學校內或生活上遇到的困難交託給神。初時以為禱告後，難題就會迎刃而解。但其實禱告和經歷神並不是這麼簡單的。在我成長的過程中，也遇到各種的難關，但每次我都會與父母為這些難關禱告。例如在我十四歲時，我很想到英國升學，但一般英國的中學都只招收十三歲和十六歲的學生，我和父母就為這事禱告。在神奇妙的帶領下，有一所英國的中學願意讓我插班。當我到了英國後，在生活和學習上都遇到很多不適應的地方。很多時候我都會打長途電話回香港給父母，與他們一起，為我在英國遇到的難題禱告。因為時差的關係，當我有空打電話給他們時，香港已是深夜或大清早了，但父母都會犧牲休息的時間與我禱告，這真的讓我感受到他們對我的愛。因為一個人孤身在外地，父母又不在身邊，令我更加感受到神這個天上父親的同在。現在，我已經大學畢業，踏進職場，但我都會儘量抽空和父母一起禱告。雖然，我現在工作上面對的難題，父母都可能並不完全理解，但當我們一起禱告時，我都不需要多加解釋，因為我們深信我們的一切需要，父神都知道。所以，我鼓勵父母們在孩子年紀小時，就開始與孩子一起禱告。我深信如果你在孩子小時候就跟他們説聖經故事和禱告，這不單會給你的孩子帶來祝福，還會給他們畢生難忘的屬靈經歷。我十分認同德蘭修女的名言“the family that prays together stays together”。一個時常一起禱告的家庭，將會邁向美好的家庭關係。

霍天瑋

自序

在過去二十年當兒童導師的經驗中，看見每週日家長和子女一起回到教會，便會各自參與崇拜和主日學，待聚會完結，家長便接回子女。大部分家長都不知道子女在兒童崇拜和主日學的情況，子女也鮮有機會和父母一起敬拜神。在主日學課堂所教導的聖經真理，到底有多少能在生活中實踐出來呢？

導師們每天靈修，用心備課，準備教材，為兒童的屬靈生命禱告，盼望能以生命影響生命。導師們透過創意的聖經課堂，讓兒童愉快地學習，明白聖經信息，又適時給予獎勵，鼓勵兒童背誦金句，參與遊戲和戶外活動，建立互相認識、彼此相愛的肢體關係。教會也定期舉辦家長講座、書籍介紹和獎勵計劃，積極推動家庭祭壇的重建，期望能培育下一代的靈命，但真正能持之以恆的家庭，卻是寥寥可數。

近年，香港教會的兒童事工，已發展至包括家長牧養在內的家庭事工。因為父母是兒童最重要的屬靈導師，如能定期舉辦親子敬拜聚會，一家人彼此代禱守望，可讓家庭一起經歷神的同在和恩典。

過去兩年，我曾在香港不同的教會主領親子敬拜聚會，每次都深被感動。看見父母及其兒女學習將壓力適時放下，一家人回到神面前重新得力，即使他們再面對生活上的挑戰，相信也能靠主度過。

盼望能藉此書，鼓勵教會定期舉行親子敬拜聚會，以神的話語潤澤家庭。

衷心感激替我作序的主內前輩，當中有曾在我婚禮作訓勉的余達心牧師、香港讀經會總幹事張楊淑儀師母、開啟我創意教學之路的許娜娜博士，以及我的生命師傅及代禱者葉淑嫺宣教師。此外，也感謝出版本書的基道出版社，還有編輯文肖玲姊妹及梁冠霆弟兄、設計師鄒瑋芯及羅秀慧姊妹、插圖設計譚寶瑜姊妹，以及教材繪圖設計關朗曦弟兄。你們都是神賜給我的天使。

今年剛好是我結婚二十五週年，感謝建立家庭的天父，讓我在原生家庭中，培養了創意和樂觀的性格；在夫婦關係中，學習愛與寬恕；在親子關係中，學習忍耐和盼望。

深願一眾基督徒能真正建立基督化的家庭，渴慕聖潔，成為基督的新婦。

霍張佩斯

如何使用本書

教材對象

本書的對象為教會家庭及兒童牧者、小學教師、伉儷小組組長及家長。教材內容專為基督徒父母及他們就讀小學的子女而設計，亦歡迎有興趣認識聖經家庭價值觀及培養良好親子關係的非基督徒家庭使用。本教材適合於教會、學校、伉儷小組及家庭崇拜中使用，也可作為親子旅行、同樂日及工作坊的家庭教育互動學習素材。導師和家長可因應需要，選取合適的內容作聚會之用，尤其導師要對來自不同家庭背景的參與者保持敏銳度，靈活地運用及轉化本書所提供的教材，並強調天父愛我們每一個家庭，希望我們能在愛中得醫治。

課程編排

親子敬拜教材共有十二個教案，適合每月一次或每季一次使用。

可於主日的兒童崇拜時段，邀請家長一起同來聚會，每月舉行一次親子崇拜聚會，可供一年使用。

聚會時間一般約一小時三十分。可按不同需要增刪內容活動，在不同地點、以不同形式獨立而靈活地運用。

本書結構

1. 設計理念

根據聖經中神對家庭的美意，與當代基督徒家庭的狀況作對比，提醒父母要帶領子女過敬畏神的生活，幫助他們與神建立親密的關係。父母按神的話教養子女，並以身作則，建立家庭祭壇，將有助塑造孩子的屬靈品格，並培養良好的親子關係。

本書第一部分為設計理念的闡述，後部分加插的「親子塗鴉牆」，目的在於看看在孩子眼中，他們對自己家庭生活的真實看法，從而讓父母反思他們在日常生活中的行為，對孩子有何影響。「親子敬拜花絮」中，剪輯了實際使用教案時的花絮，讓讀者能感受敬拜時的歡樂氣氛。

2. 教案編排

本書的第二及第三部分共有十二個教案，分為九個主題教案及三個節日教案。主題教案分別以家庭關係和聖經人物故事為主題；節日教案則特別為聖誕節、農曆新年和復活節而設計，作為參考例子。每一個教案都是獨立的。

教案內容以遊戲、詩歌敬拜、互動信息及彼此祝福的形式，活潑地以不同的聖經故事作生活化的演繹，引導父母認識聖經的家庭價值觀，以此教育子女，並與家人一同在生活中實踐出來，活出敬拜的人生。

教案結構

1. 經文、目的

說明聚會內容的聖經基礎，讓導師掌握信息重點，有清晰的目標。每次聚會中可把經文投影出來，讓家庭成員讀出。也可以海報形式，在聚會結束時，派給每個家庭，帶回家中張貼，作為提醒。

2. 小助手

把聚會時所需用的教具或材料列明出來，讓導師可以先預備好，並提醒導師領聚會時應注意的事項。

3. 開心遊戲醒一醒

在聚會開始時，讓家庭成員先作熱身，也讓小朋友消耗精力及抒發情緒，以輕鬆愉快的心情，投入不同的環節中。設有兩個遊戲供導師選擇，若時間許可，可以兩個都完成。

4. 詩歌敬拜

導師在宣召經文後，帶領父母和子女一起敬拜，頌唱主題詩歌，並配合動作，父母也要和子女一起邊唱邊跳，活潑地敬拜。最後以禱告結束。提供三首與主題配合的詩歌供選擇，導師可因應時間全部頌唱或選其中兩首頌唱。

5. 家庭價值知多少

配合主題，以聖經故事及人物事迹，引入生活化的題材，以話劇、角色扮演、時事及個案討論、互動遊戲及創作等，讓父母和子女明白聖經的家庭價值觀，在生活實踐時可彼此同心，互相提醒。

6. 家長給力點

藉著信息與家長和孩子作互動，並營造正面的氣氛。若小朋友能專注投入以上各項活動，不論表現如何，父母也應肯定他們的參與，給予鼓勵和讚賞。

7. 親親天父

以同心禱告來回應所聽的信息，讓聖靈在生活中繼續引導各人實踐真理。

8. 感恩之言·祝福之語

讓父親執掌屬靈權柄，為子女祝福。若父親缺席，可由母親代替。但不鼓勵由傭人代替父母陪伴小朋友參加親子崇拜和祝福，如父母缺席者可由牧者祝福。

9. 彼此祝福

以詩歌彼此祝福，並請牧者祝福家庭。

10. 頒獎禮及家庭合照

可因應比賽得分或表現，設不同獎項，以示鼓勵。並為每個家庭拍攝一張合照，以作留念。

11. 茶點或聚餐

預備配合主題的食物及茶點，讓兒童對主題信息印象深刻。

12. 家長照照鏡

親子敬拜後，讓家長以小組形式，由牧者帶領，分享所學習的信息，並反省自己的現況，尋找改善的方法。最後一同彼此代禱。

13. 真人真事

提供美好的見證，可在小組中與家長一同觀看影片，並討論內容，以成功的例子彼此鼓勵。亦可把相關資料借給家長，著他們回家一同觀看、分享和學習。

14. 父母加油站

延伸閱讀，可深化主題信息，讓父母得到更多滋養。教會可協助父母訂購書籍，也可由教會購買，供家長借閱。

不論在任何場合，以任何形式運用此教材，願你們都能以心靈誠實、喜樂的心，同心敬拜，互相提醒，彼此祝福，讓親子敬拜成為樂園，得著神的應許，彰顯神的榮耀。另本書所附的光碟，乃是這十二個教案的參考素材，歡迎導師及家長自由使用。

目錄

第一部分：設計理念

第二部分：主題教案

第三部分：節日教案

第一部分

設計理念

當代基督徒家庭真貌

現代社會科技發達，資源比從前豐富，但父母工作時間長，甚至要不斷進修增值。面對通貨膨脹、樓價飆升等生活和經濟壓力，回到家裏，已筋疲力竭。作兒女的，他們則面對學業上的競爭、才藝的比拼，被灌輸要贏在起跑點的觀念，每天放學仍要補習，在家時間自然減少，失去了愉快的童年。在物質主義的影響下，家人之間缺乏溝通，形成關係疏離，久而久之，影響親子關係。

根據《星島日報》在二〇一二年十二月三日的報道，屯門時代廣場與香港家庭教育學院在二〇一二年十一月，以電話隨機抽樣訪問七百八十二名中小學生家長，以及七百六十三名中小學生，了解他們在聖誕節期間的消費模式及期望，結果發現家長消費時甚為豪爽，但是若要花時間陪伴子女過節，則不是太多家長輕易做到，接近三成小學生表示會花五天或以上與父母相處及溝通，但是只有一成多小學生家長表示可以抽出五天時間，完全未能抽空或是只能抽一天時間的約一成。調查機構認為，結果反映本港在職父母工作仍然繁忙，直接影響照顧子女情況。

原來，在子女眼中，物質條件不一定是一個快樂家庭的最重要元素。基督教協基會社會服務部於二〇〇七年五至六月，透過問卷訪問九龍城、沙田、屯門及元朗十六間小學，共五千三百二十一名小三至小六學生眼中的快樂家庭元素。[1] 結果顯示：家人和諧共處、開心及輕鬆的家庭氣氛、家人互相體諒等，皆被視為快樂家庭最重要的元素。家裏富有、父母與我一起打機、常常有新玩具卻吸引不足一成學生選擇。今天的家庭是否已陷入功能失調而不自知？下列圖表，反映了關愛互助的家庭(nurturing family)與功能失調的家庭(dysfunctional family)的基本差異：[2]

關愛互助的家庭	vs	功能失調的家庭
家人有自由談及內心感受		家人刻意隱藏內心感受
所有感覺都可接納		只容許有某些感覺或無感覺
人比表現更重要		表現比人重要
萬事有商量		有很多顧忌和祕密
可接受個人分別		必須服從強者的意念價值
每人為自己的行為負責		很多控制與批評
尊重別人的批評，對不適當的行為承擔合宜的後果		懲罰令人羞愧
比較少「應該」		比較多「應該」
清楚、有彈性的規則		不清楚、不一致及僵化的規則
氣氛輕鬆		氣氛緊張
充滿喜樂		很多憤怒和恐懼
能面對及處理壓力		逃避壓力
家人有活力		家人感到疲累
彼此相愛		易受傷與失望
慶祝成長		打擊成長
有健康的自我形象		自我形象低落
父母處理家事方面緊密協調		出現跨代的小圈子

基督教香港信義會在二〇一二年十二月公佈一項「快樂家庭元素」問卷調查，在全港成功訪問了五百九十六名家長及兒童，為「家庭快樂指數」評分和了解現時家庭認為重要的「快樂家庭元素」，調查是根據麥克馬斯特家庭功能評價模式（McMaster Family Functioning Model）而設計的。一個快樂的家庭必須具有健康及全面的家庭功能，除了一般性的家庭功能之外，再以六大範疇去具體描述，分別是問題解決、溝通、角色分工、情感表達、情感投入和行為規範，調查亦基於以上的假設，認為愈有效地發揮家庭的功能，家庭就愈快樂。受訪者與家人溝通時間愈長，「家庭快樂指數」愈高。調查顯示富有的家庭並不一定最開心；相反，基層的家庭可以是最開心。「家長教育程度」與「家庭生活」的快樂指數並沒有直接關係。[3]

從以上調查結果可見，當代父母所追求的成就和物質生活，並不一定能讓家庭快樂指數提高。家庭快樂與否，取決於是否有足夠的溝通和良好的關係。

聖經中的夫婦關係

以神為首：「我願意你們知道，基督是各人的頭；男人是女人的頭；神是基督的頭。」（林前十一3）

以愛為緯：「你們作妻子的，當順服自己的丈夫，如同順服主。因為丈夫是妻子的頭，如同基督是教會的頭；他又是教會全體的救主。教會怎樣順服基督，妻子也要怎樣凡事順服丈夫。你們作丈夫的，要愛你們的妻子，正如基督愛教會，為教會捨己。」（弗五22~25）

- 以聖潔為律：「要用水藉著道把教會洗淨，成為聖潔，可以獻給自己，作個榮耀的教會，毫無玷污、皺紋等類的病，乃是聖潔沒有瑕疵的。丈夫也當照樣愛妻子，如同愛自己的身子；愛妻子便是愛自己了。」（弗五26~28）

家庭中的夫婦關係，應以愛維繫，像基督愛我們一般的彼此相愛：「我賜給你們一條新命令，乃是叫你們彼此相愛；我怎樣愛你們，你們也要怎樣相愛。你們若有彼此相愛的心，眾人因此就認出你們是我的門徒了。」（約十三34~35）

基督徒父母的醒覺

「教養孩童，使他走當行的道，就是到老他也不偏離。」（箴二十二6）

香港的核心家庭多獨生子女，如果他們能從小開始上教會，與教會弟兄姊妹一同成長，互相支持，遇困難時可一起禱告，經歷神的恩典，以神的愛彼此相愛，便能一同以聖經價值觀抗衡社會歪風。另外，家長亦可教導子女正確地運用網絡資源，以多元化的形式學習聖經，並善用社交媒體，讓他們與世界各地的主內肢體溝通。可是，教會內的基督徒家庭卻出現了以下的情況：

- 父母忙碌，影響教會對於敬拜生活的實踐
- 過度事奉，影響家庭生活
- 望子成龍，星期日也要補習
- 溺愛子女，期望導師遷就子女
- 家醜不出外傳，分享代禱也有保留

- 信仰不能生活化，兒童主日學成為「信仰雞精班」
- 家長重視子女的學業成就過於靈命成長
- 家長重視工作成就與財富過於靈命成長
- 父母離異、婚外情、家暴、虐兒個案上升
- 網絡世界讓人與人之間缺少互動，影響溝通，令兒童專注力及耐性減弱，不喜歡讀經和禱告，過於追求感官刺激，不能安靜片刻

今天的基督徒家庭，或許也同樣陷入功能失調的景況，基督徒父母和教會牧者應如何回應？聖經教導我們要以「愛」和「寬恕」來修補關係（林前十三4~8），「並要以恩慈相待，存憐憫的心，彼此饒恕，正如神在基督裏饒恕了你們一樣」（弗四32）。另外，我們亦當反省原生家庭對自身的正面和負面影響，不要把傷痛傳給下一代。「兒女是耶和華所賜的產業；所懷的胎是他所給的賞賜。」（詩一二七3）基督徒父母當努力活出合乎神心意的家庭生活，成為別人的祝福。

註譯

1. 取自「基督教協基會」網頁(http://www.cubc.org.hk/web/aware.php)；瀏覽於2013年6月14日。
2. 陳幼莉:「家庭系統動力」(碩士級「婚姻及家庭輔導」課堂筆記，中國神學研究院，2012年9月)。
3. 取自「基督教香港信義會」網頁(http://www.elchk.org.hk/service/news_release_details.php?pkey=89&pg=1&news_cat=&news_year=2012&news_month=)；瀏覽於2013年6月14日。

參考資料

1. 卡德、韓斯年、布麗斯、湯森德、克洛特：《傷痛不代傳》。黃羅燕明譯。香港：學生福音團契，1999。
2. 黃維仁：〈婚姻的藍圖（一）〉。《使者》，1995年5~6月號，頁53~54。
3. 史都普．曼斯特勒：《回家學饒恕》。顧瓊華譯。台北：校園書房，2009。

父母，請除下你的面具！

星期六晚上，健仔的父母在討論是否該搬往名校網地區居住，以增加健仔入讀心儀小學的機會。健仔對父母說：「主日學導師教導我們要為生活上的事禱告，神會為我們預備所需要的。不如我們為升小學的事禱告啦！」父母讚賞兒子對神的信心，然後便一同禱告。

星期日早上，健仔一家人回到教會，遇見同樣準備升小一的明仔，健仔問明仔有沒有為升小一禱告，明仔說已獲直資名校取錄，健仔父母立刻問他是怎樣考上這所名校的，明仔說是父母在他三歲時已帶他學習不同的語文，面試時能以英語和普通話對答如流，所以獲取錄了。然後健仔和明仔一起參與兒童崇拜，唱詩讚美神「就算天陰天晴天下雨，主都會錫住你，就算天陰天晴天下雨，主都會祝福你……」。

星期日晚上，健仔臨睡前提醒父母要一起為他升讀小學的事禱告，母親突然哭起來，對爸爸說：「我去年建議帶兒子去學英語和普通話，你又說兒子還小，不要過早催谷他學這學那，你看明仔已獲名校取錄，不用擔心派位結果了。我們還要為兒子升學的事憂心。」爸爸情緒失控，大聲地說：「又是我的錯，以後兒子的事我不管了。」然後大力關門，離開睡房。健仔望著哭成淚人的媽媽，也哭了起來。最後一家人都沒有禱告，各自睡覺去了。

倩兒從小跟父母上教會，接受了嬰兒奉獻禮，父母在教會熱心事奉，在家裏也堅持每天有家庭靈修時間，過著虔誠基督徒的家庭生活。倩兒十四歲時，父母希望她行堅信禮，但她想再辨明信仰的真偽才作決定，所以拒絕了父母的建議。媽媽失望地問她：「你是否不喜歡教會呢？牧師和弟兄姊妹看著你出生和成長，他們都讚你很乖巧，導師們都稱讚你在主日學課堂上認真投入，熟讀聖經。」

倩兒回答：「我很喜歡教會的叔叔、姨姨和朋友，但我感受不到神的愛，也不明白為何神讓這世界有那麼多不公平的事和苦難發生。」父親立刻拿出數本屬靈書籍，對她說：「你看傳道書便會明白，世上的事都是虛空的。」媽媽接著説：「還要看約伯記，約伯在患難後仍能說『賞賜的是耶和華，收取的也是耶和華，耶和華的名是應當稱頌的。』」倩兒皺起眉頭說：「好吧！我有空便會看。」

一天，爸爸下班回家，緊張地問媽媽：「我們上次在銀行投資買入的債券，是屬於甚麼公司的？」媽媽說：「好像叫雷曼債券。」爸爸大叫：「唉！死啦！雷曼公司倒閉了，我一生的積蓄都沒有了！明天所有債券『苦主』會開會商量示威行動，你會跟我一起去嗎？」媽媽說：「吓！咁我一定去！」倩兒說：「但明天你們不是要開執事會嗎？」爸爸說：「少去一次沒有大問題的。」

金明添博士在《孩子反叛有理？》一書中提到，基督徒子女從小在教會成長，但長大後卻不返教會，甚至離開神的原因，是他們看見基督徒父母的偽善，「說一套，做一套」的信仰生活模式，令子女感到混亂而生厭。有時，在「美好的基督教教養」名義下，我們得鼓勵做了很多事情，促使孩子對我們的信仰發動全面戰爭，基督徒父母所作的事，有很多都是出於一番好意，但很多時都是好心做壞事，或沒經過深思熟慮，導致孩子以最極端的態度回應：「夠了！我受夠了！全都是廢話！」[1]

如果我們常覺得孩子應該悔改的話，我們作父母的，更當首先悔改，回轉歸向父神，過著表裏一致的信仰生活，這樣才能讓我們的下一代，經歷神的真實，一生信靠父神。

註釋

1.金明添：《孩子反叛有理？》，思苗等譯（香港：基督教文藝，2008），頁52。

因我受造奇妙可畏：孩子的成長之旅

「我的肺腑是你所造的；我在母腹中，你已覆庇我。我要稱謝你，因我受造，奇妙可畏；你的作為奇妙，這是我心深知道的。我在暗中受造，在地的深處被聯絡；那時，我的形體並不向你隱藏。我未成形的體質，你的眼早已看見了；你所定的日子，我尚未度一日，你都寫在你的冊子上了。」（詩一三九13~16）

生命是神所賜的，我們每個人都是神的傑作，也是獨一無二的。六至十二歲的兒童正正處於發掘和培養恩賜的階段，也是鼓勵孩童尋求神在其生命中的計劃和呼召的好時機。在我小學四年級決志信主後，每週日返教會崇拜和上主日學，也開始為自己能成就神在我生命的計劃禱告。猶記得在中文課堂上，作文的題目是「我的志願」，當時我已在文中提到很喜歡小朋友，希望將來能成為一位小學教師。後來我真的成為小學教師，並在教會作兒童導師，現在仍然服事兒童和家長。原來神在我的生命中早有預備。

作為父母，應多為子女的恩賜能得到適當的發揮禱告，求主顯明祂在子女生命中的旨意，並順服神在他們生命中的計劃。艾力臣（Erik H. Erikson）指出，這階段孩童的自我了解是「我是我的學習」（I am what I learn），更貼切的應是「我是我的成就」（I am what I achieve） 或「我是我的生產」

（I am what I produce）。[1]

孩童在六至十二歲這一學習期，將會發展出勤奮感或產生自卑感。學習成了這階段生活的主要部分：

- 孩童不再滿足於想像世界中的遊戲，而企盼在現實世界中有所建樹
- 孩童開始透過學習來準備自己，當中包括在正式或非正式的學校、嚴格或自由的學習形式，以及讀書識字或多元智能的培育等

學習只是手段和方法，其目的是要幫助孩童培養勤奮感，即一種自覺「有用」的感覺，有能力製造及完成物品。「成功」的經驗能培育出自信心。如孩童在嬰兒期至六歲的階段有良好基礎，培養了信任、自主和奮進，他就愈能夠適應和投入學習期的生活。優秀的老師，能發掘孩童的潛能並加以發揮，但這並非表示要為子女尋找「星級老師」，而是要找有愛心和有正面感染力的老師。倘若子女能朝正向發展，他們也就成為能幹的人，能夠自由運用智慧和靈巧，去完成各種工作。在學校生活中，與同學一起學習的過程，也可培養「分工合作」和「機會平等」的意識。

學童在心理和各方面的能力上如未能準備就緒，便會在學校環境中感到壓力重重。不同氣質和能力的學生互相競爭和比較，教育制度以學業成績來決定「優勝劣敗」，使學業成績表現遜色的學生因此產生自卑感，懷疑自己的能力，感到處處都不如人，對學習失去興趣和鬥志。

福臨・法比安奴（Frank Fabiano）和嘉蓮・法比安奴（Catherine Fabiano）指出，六至十二歲的孩子，正集中精神發展在這個世界獨立生存所需的技巧。他們需要學習：如何有效率地做事、建立價值規範以及穩固的道德

基礎、培養各方面的技能，主要是學習能力、偏重行動而非感受，以及最重要是參與良性的競賽及對自己的技能作自我評估。

處於這階段的孩童，他們做事和參與活動的原因，主要是「當時覺得這個主義不錯」，沒有真正考慮到自己行為的後果。因此，父母要教導他們合宜的行為及做事的後果，適時作出指引、訓誨和管教。由於孩童在這時也開始認同整個社會的價值觀，所以家庭和教會要教導他們作出正確的道德判斷，以免他們隨波逐流。

六至十二歲的孩子正學習與人相處的方式，在這成長階段的孩子或會排斥異性，也傾向與同性朋輩及成年人相處。現代家庭多獨生子女，而學校的課程編排也十分緊密，致使他們未必有足夠時間學習與同學相處，而教會則是另一個讓他們發展社交能力的重要場所。在「爭論」和「爭辯」的過程中，孩子將學會闡述自己的理由，來支持自己的信念及所做的事情，從而為成年後的信念、價值觀和理想，奠定穩固的基礎。當父母與子女共同處理爭辯的問題時，最重要是「肯定孩子的獨立」，他們可以有自己的思想、念頭及發展自己的做事方式。所以，千萬不要誤會孩子是與你「頂嘴」和對抗。

父母和師長如能讓學業成績稍遜的兒童發展恩賜，也可以培養他們的勤奮感而不致自卑。父母也應協助六至十二歲的兒童選擇及安排課外活動，不宜太多，但也不致埋沒了其恩賜才幹。當父母施加不合理的壓力，期望孩子表現良好，這對孩子是非常不公平的，並會帶來傷害。他們會產生自卑感、無用感，甚至選擇放棄或逃避，並因而形成沉溺（上癮）的行為，影響一生。

小學階段兒童常見的沉溺行為是上網、玩遊戲機、看電視、看意識不良的漫畫等，十至十二歲踏入青春期的少年更會陷入性沉溺和濫藥等上癮行為當中。他們形成沉溺行為，是因為壓抑感受加上青春期將臨，強烈的情緒也隨之而來，令孩子措手不及，無法處理。他們會尋找某些人物或東西，讓自己倚賴，來控制自己的情緒。「沉溺」讓人有一種虛假的舒適感，可以掩蓋了力有不逮、低人一等、不知所措的感覺。此階段的兒童，仍然渴望父母和師長的肯定，彼此有愛的溝通，所以我們要把握這黃金時期，與孩子建立互信及良好的關係。

滋養和架構

人類天生就具有一些技巧和各種需求。「無條件的愛」就是孩子最大的需求之一。有了它，孩子才可以茁壯長大，學習愛自己和愛別人。他們需要經常聽到而且感受到「不論你的表現如何，你都是值得我愛的！」。這種使孩子成長和幸福的必要因素，稱為「滋養」(nurture)。單是無條件的愛是不夠的，孩子必須知道界線(limits)、技巧(skills)和標準(standards)，他們必須在安全的環境下養成良好的健康習慣，發展性格，成為對自己及他人負責的人。

孩童需要父母傳達一些信息給他們，如「你可以做」、「我會教你」、「你辦得到」等。

這種教養的方式，我們稱之為「架構」(structure)。「滋養」和「架構」相輔相成，塑造出一個人的人格。如果孩子得不到充分的滋養來形成健全的人格，他的心靈深處便會感空洞，缺乏喜樂，難對關愛有所回應。如果成人在童年時的「架構」不穩，他就不容易在人際關係上搞清楚界限。這種人會不自覺地闖入別人心理或生理的禁區，落得被批評的下場，這種人的人格通常也比較脆弱，別人會不尊重他的界限，造成傷害。

溺愛子女的父母，他們所給予孩子的是與家庭資源分量不相稱的事物，表面上好像滿足了孩子的需要，其實沒有。被溺愛的孩子經歷的是豐富中的匱乏。他們在某些事物上似乎擁有很多，但實際上對他們卻造成傷害，或者至少被剝奪了充分發揮潛能的機會。溺愛是忽視孩子的另一種形式，它妨礙孩子發展技巧，也妨礙了他們學習生活必要的功課。真愛與溺愛，可能只是一線之隔。

基督徒父母也會溺愛子女，他們不需要子女料理家務，事事代勞，子女的自理能力自然偏低。星期日又容許子女在家睡覺和看電視，而不上教會敬拜神。教會舉辦兒童營會，也因擔心子女安全、怕他們被蚊子叮、住宿不好會睡不著和食用比不上在家好，因而拒絕讓子女參加。他們也喜歡選擇附屬名校的教會，增加子女入名校的機會。大型教會的兒童聚會場地較寬敞，設備良好，課程和活動也較多和吸引，也讓基督徒父母把子女轉到這些教會聚會，希望子女能得到最優質的屬靈牧養。但子女常置身於順境中，是否能經歷神的磨練呢？

「就是在患難中也是歡歡喜喜的；因為知道患難生忍耐，忍耐生老練，老練生盼望；盼望不至於羞恥，因為所賜給我們的聖靈將神的愛澆灌在我們心裏。」（羅五4~5）我們若不讓子女親自面對逆境，他們又怎能學會忍耐的功課而變得老練，最後得著盼望而不至於羞恥，並大大經歷神的愛呢？甚願我們每天都以麥克阿瑟將軍（General Douglas MacArthur）的禱文為子女禱告，並學習放手把孩子交在神的手中，讓神陶造他們，成為貴重合用的器皿：

主啊！教導我兒子，
在軟弱時，能夠堅強不屈；
在懼怕時，能夠勇敢自持；
在誠實的失敗中，毫不氣餒；
在光明的勝利中，仍保持謙遜溫和。
教導我兒子，篤信力行，而不從事空想；
使他認識祢，同時也認識他自己；
這才是一切知識的開端。
我祈求祢，不要將他引上逸樂之途，
而使他置於困難及挑戰的磨練與刺激之下；
使他學習在風暴中站起來，
而又由此學著同情那些跌倒的人。
求祢讓他有一顆純潔的心，
一個高尚的目標；
在學習指揮別人之前，先學會自制；
在邁向未來之時，而不遺忘過去。
主！在他有了這些美德之後，
我還要祈求祢，
賜給他充分的幽默感，以免過於嚴肅。
賜給他謙虛，使他永遠記著……
真正的智慧是坦率，

真正的力量是溫和。

然後作為父親的我，才敢輕聲的說：

「我總算這輩子沒有白活，阿們！」

健康成長：六至十二歲

重要主題	成長任務（健康成長所需）	成人後的顯現
技能發展 爭辯、爭論、不同意 競賽 技能學習	建立個別的身分 找出自己的做事方法 視察和發展生活技能 學習如何學習 工作的優先次序和完成 價值觀和規則與理性相連	為活動定先後次序 完成工作 創意地解決問題 社交情感方面的技巧有著健康的發展 對價值和規則有很強的觀念，並能滿有恩慈地運用 對自己做事的方法有信心 安然面對人生的挑戰 認識並實現神對自己人生的計劃

不健康成長：六至十二歲

重要主題	成長中受到的傷害／需要得不到滿足	成人後的顯現
- 技能發展 - 爭辯、爭論、不同意 - 競賽 - 技能學習	- 規則和價值觀過度死板 - 規則和價值皆缺乏或未能貫徹始終 - 未能理性地辯論規則 - 被迫只專注一項任務或活動 - 未被教導怎樣開始或停止工作項目 - 嚴厲而不公平的責罰	- 規則與價值觀缺乏彈性 - 安排工作的優先次序和完成工作都有問題 - 沉溺行為的形成 - 被動／帶攻擊性的行為 - 反叛行為 - 利用情感對別人施加控制 - 利用情緒感覺對自己施以責罰：受內疚折磨 - 意識不到神對自己生命的計劃 - 對自己的恩賜與召命欠缺信心及安全感

註釋

1. 王志學：《奇異恩典在中年》（香港：基道，1996），頁109~110。

參考資料

1. 王志學：《奇異恩典在中年》。香港：基道，1996。
2. 福臨・法比安奴、嘉蓮・法比安奴：《醫治過去，釋放將來》。甄翠華譯。香港：高示，2008。
3. 珍・克拉克、康妮・達森：《成長不止息》。姜菁華譯。美國：旅途，2003。

為何要在教會內推行親子敬拜

聖經用有關家庭關係的措詞來描述神與以色列子民的關係，以及基督新郎與教會新婦的關係，這種關係正是檢視家庭關係的重要參照。卡提爾（Myron Chartier）主張，如果把神對以色列的各樣作為當成典型，那麼養育子女就會包含了愛、關懷、回應、管教、施予、尊重、了解和饒恕這些特質。

家庭成員能無拘無束且坦然溝通彼此的感受，就會衍生信賴與委身，進而不怕彼此分享和親密。我們要回到那無條件的盟約之愛，這愛是在家中可以誠實地分享、不必害怕被拒絕的基石。當家庭成員以無條件的愛彼此相待時，他們所建立的安全感會深化親密的程度。

根據學者奧爾森（David Olson）等的家庭同心圓理論（Circumplex Model），健康的家庭須有足夠的「凝聚力和應變力」，以彼此相愛的心一同應付生活中的困難和挑戰。家庭成員間要經常溝通，透過分享內心感受和討論不同的意見，久而久之，才能培養出「凝聚力和應變力」。在教會內定期舉行親子敬拜聚會，透過詩歌敬拜、遊戲和聖經中有關家庭的信息，讓家庭可在輕鬆愉快的氣氛下，彼此認識、分享和代禱，強化家庭的凝聚力，建立對教會大家庭的歸屬感。

雖然教會積極鼓勵父母在家中建立家庭祭壇，每天抽一段時間與子女一起唱詩歌、讀經和禱告。可是，很多家庭因為忙碌或是夫婦關係不和，導致親子關係疏離，影響了信仰生活。這些家庭每逢週日仍然會返到教會崇拜，但因著父母與子女各自參與成人及兒童聚會，散會後便立刻離開，所以牧者不易察覺他們的問題。直至某個家庭突然發生婚外情、家暴或孩子出現嚴重行為及情緒問題時，才知道冰封三尺，非一日之寒。牧者如能在親子敬拜中觀察家庭的互動模式，發現有問題時及早介入，提供協助，可避免關係惡化而難以修補。

對於剛來到教會聚會的初信者及慕道者的家庭，他們不知道如何開始家庭祭壇，缺乏支援；參與親子敬拜可讓他們學習與子女一起分享和禱告，以較具創意的方法，學習基督教的家庭價值觀，然後從中得鼓勵在家中實踐信仰。

今日教會應協助家庭重建敬拜和祈禱生活，使教會成為萬民禱告的殿。「我必領他們到我的聖山，使他們在禱告我的殿中喜樂。他們的燔祭和平安祭，在我壇上必蒙悅納，因我的殿必稱為萬民禱告的殿。」（賽五十六7）

參考資料

1. Olson, David, Candyce S. Russell, and Douglas Sprenkle, ed. *Circumplex Model: Systemic Assessment and Treatment of Families*. Binghamton, NY: The Haworth Press, 1989.
2. 傑克・巴斯威克、茱蒂絲・巴斯威克：《家庭》。羅靜玲譯。台北：橄欖，2010。
3. 麥張偉芬：《家庭祭壇》。香港：更新資源，2008。

親子塗鴉牆

一九三一年，阿佩爾（Appel）在家庭研究方面引入了繪畫的應用；為了獲得家庭成員之間互動情況的信息，首先提出了「畫一個家庭」的方式。一九四二年，沃爾夫（Wolff）在此方面又做了進一步的研究。赫斯（Hulse）在一九五一年提出畫家庭圖的技術。

二十世紀七十年代，伯恩斯（Burns）和考夫曼（Kaufman）發現在一般繪畫投射測驗中往往缺少動感，因此指導兒童進行一種家庭動力繪畫，並在一九七〇年出版了《家庭動力繪畫》一書，從此動力元素被引入了繪畫測試之中。他們要求繪畫者表現「全家人一起做甚麼事情」。透過動態的畫面，可以得到更多家庭成員之間是如何互動的資訊。

根據《心理畫》的作者李洪偉和吳迪所分析，家庭動態圖可以觀察繪畫者對家庭的態度、父母的婚姻關係、繪畫者的人格特質、親子關係、孩子與同齡朋友之間的互動，甚至家庭成員的教育程度。在畫中，如果繪畫者沒有畫自己，一般表示他感到被家庭拋棄或不受重視，有時也可能傳達出繪畫者拒絕家庭、不能融入家庭的信息。

如果繪畫者畫出全家人都在看電視，相互之間沒有交流，很可能表示家庭成員之間缺乏溝通。如果畫出堆滿食物的餐桌，一般表示家庭中充滿愛，或是繪畫者渴望家庭成員之間充滿愛；如果餐桌上空無一物，很可能表示家庭成員關係冷漠，或家庭氛圍冷清。鼓勵父母們可在日常生活中，多觀察子女繪畫的家庭動態圖，藉此了解孩子對家庭的感受。

我邀請了一些基督徒家庭的小孩子「畫出你的家庭」，從作品中可觀察到他們和家人的關係和溝通模式，十分有趣，值得和大家分享。

參考資料
1. 李洪偉、吳迪：《心理畫》。台北：宇柯文化，2013。
2. 梅蘭妮・克萊恩：《兒童精神分析》。林玉華譯。台北：心靈工坊，2005。
3. Cathy A. Malchiodi：《兒童繪畫治療》。吳武烈譯。台北：五南圖書，2008。

難得爸爸下廚，媽媽可以陪伴女兒輕鬆一下了。

小狗也是我們的家庭成員嗎？

樂於服事家人的媽媽，連切水果也面帶笑容。

每天晚上，誰最早睡？誰最遲睡？

爸爸、媽媽，你們可否不再每天爭吵？

各就各位，各有各忙。

誰最關心我？

家務是必須做，但又是最令人討厭做的事。

「一人一機」是這時代的家庭溝通方式嗎？

「開飯」是每天最開心的時間。

親子敬拜花絮

一切從心開始

教會大家庭

教會大家庭

伊甸園冒險記

伊甸園冒險記

伊甸園冒險記

方舟搖盪敬拜會

方舟搖盪敬拜會

方舟搖盪敬拜會

信心媽媽

養不教，父之過

養不教，父之過

親子愛心三文治

親子愛心茶點

詩歌敬拜・父子扮演大衛王

感恩之言・祝福之語

第二部分

主題教案

1.一切從心開始

開心遊戲醒一醒

變心大行動 ⇨ 尋找有心人

詩歌敬拜

《當聖靈在我心》、《求引領我心》《將心給我》

家庭價值知多少

家庭劇場 ⇨ 家長給力點 ⇨ 親親天父 ⇨ 感恩之言．祝福之語 ⇨ 彼此祝福 ⇨ 頒獎禮

家長照照鏡

真人真事

父母加油站

經文：「聖靈所結的果子，就是仁愛、喜樂、和平、忍耐、恩慈、良善、信實、溫柔、節制。」（加五22~23）

目的：在日常生活中，家庭成員或基於生活上各自忙碌，或因興趣不同，在家裏稍有空閒也不會一起玩樂聊天，各自做自己喜歡的事，如爸爸看報紙、媽媽看電視劇、子女在房內上網。同一屋簷下，一家人卻甚少坦誠地深入溝通，也沒有關心各人的需要，更沒有一起分享禱告。生活和學業壓力令各人的心靈積存著憤怒、冷漠、自卑、憂傷等負面情緒，當有意見不合或瑣事發生，更會引致爭吵互罵的情況。希望藉此聚會讓家庭成員重建彼此關係，關心對方的需要，也重建與神的親密關係，靠主重過喜樂的生活。

一．開心遊戲醒一醒

先按人數分組，可以比賽形式進行，在不同的遊戲環節上加分，凝聚氣氛。評分必須公平公正、合情合理，適當時要表達讚賞和鼓勵。

時間：約15分鐘

材料：黑色心形卡

：紅色心形卡

：樹形卡

：垃圾箱

心形卡數量可按人數而定，每人分別有紅、黑色卡各一張。

預備：黑色心形卡上有負面情緒的形容詞，例如憤怒、自卑、憂傷、煩躁、惡毒、貪心、自私、冷漠等等，可重複出現。

：紅色心形卡上有聖靈果子，即仁愛、喜樂、和平、恩慈、良善、信實、溫柔、節制、忍耐，可重複出現。

：在聚會場地的牆壁上張貼數張樹形卡，在其上貼上聖靈果子心形卡。

變心大行動

(1) 每人抽一張黑色心型卡。

(2) 導師向各人解釋遊戲規則，當導師說：「我是憤怒心，我要變和平心。」拿著憤怒心的人要跑去樹上取和平心貼在身上或掛在頸上，然後把憤怒心拋在早已預備好的垃圾箱內。

(3) 直至最後全部變成聖靈果子的心，大家一起鼓掌慶祝變心成功。

若選擇把心形卡掛在頸上，留意頸繩要長，不要令孩子受到傷害。

齊來加加分： 每組均加分以示鼓勵，例：最快完成的加三分，接著的加兩分，最慢的加一分。

尋找有心人

(1) 沿用「變心大行動」的紅色心形卡。

(2) 導師說出哪一種心要成為一對，他們便要尋找拿著相同的心的人，找到後用雙手合作做一個心形。例：和平心要找和平心、喜樂心要找喜樂心。

(3) 在過程中，所有心都要集合起來，若最後有人未能組成一對，其中一組則以三人一組。

(4) 當所有心都能組合起來，同類的有心人便可互相擊掌，並為這裏有很多有心人鼓掌。

(5) 順著遊戲後開心高漲的情緒，導師帶領以不同節奏拍出「愛的鼓勵」（例如：拍拍拍拍拍拍　拍拍），導師先拍一段，讓家庭跟著拍，然後各家庭輪流拍出，最後由所有家庭互選出節奏最合拍的家庭，藉此凝聚家庭成員的合作精神。

> 要營造慢一點的節奏氣氛，讓他們有空間猜想將要找甚麼心。又或當發現三個相同的心時怎辦，藉此考考他們的應變能力，考考創意，如何用三隻手合作做一個心形。

齊來加加分： 兩個遊戲完成後，在開心的氣氛下按各組的表現加分。

二. 詩歌敬拜

時間：15分鐘

宣召：「神是個靈，所以拜他的，必須用心靈和誠實拜他。」（約四24）

詩歌：《當聖靈在我心》、《求引領我心》、《將心給我》

> 按人數設計領唱詩歌的形式。
> - 《當聖靈在我心》選自《可喜可樂之城3》。
> - 《求引領我心》選自《我要讚美耶和華》。
> - 《將心給我》選自《齊唱新歌5》。

以禱告結束，將榮耀歸神，求神掌管今天的聚會。

三.家庭價值知多少

家庭劇場

時間：60分鐘

材料：聖靈果子心形卡

：彩色心形卡

：屋形卡

：十字架形卡

：心型三文治

- 可沿用「開心遊戲醒一醒」標有聖靈果子的紅色心形卡。
- 彩色心形卡避免用紅色及黑色，可用橙、綠、紫等其他顏色。
- 屋形和十字架形卡的數量按家庭數目而定。

預備：導師把不同的生活情景寫在卡紙上，或以簡報顯示。情景可以是：兒子不懂如何做數學功課；母親大聲罵他：「好蠢，無用，生件叉燒好過生你」；爸爸放工後很疲倦，沒心情和子女談話，向子女說：「心情很差，不要煩我呀！」等等。

1. 角色扮演

(1) 導師說出一個生活情景，或寫在卡紙上、以簡報顯示亦可。請每個家庭取一張合適的聖靈果子心形卡，解釋使用甚麼卡去解決那問題，才是合神的心意。

例：兒子不懂如何做數學功課，母親大聲罵他：「好蠢，無用，生件叉燒好過生你。」

小朋友要選一種聖靈果子來提醒母親：「要溫柔對他。」

例：爸爸放工後很疲倦，沒心情和子女談話，向子女說：「心情很差，不要煩我呀！」

小朋友要選一種聖靈果子來提醒爸爸：「要常常喜樂。」

例：兒子放學後只顧打機而不做功課，對媽媽說：「我玩一會兒電腦遊戲才做功課。」

小朋友要選一種聖靈果子來提醒兒子：「要有節制啊！」

(2) 每個情景由不同家庭扮演，可由家長扮演子女角色，除營造歡樂氣氛，更令子女客觀及清晰回看自己，間接知道自己錯在何處，比直接指責有力得多。

齊來加加分： 每次選對合適聖靈果子卡解決問題便加分，其他人以掌聲鼓勵。

導師小提醒： 在日常生活上，要常常提醒自己結出聖靈的果子。

2. 交心行動

(1) 每人拿取若干張彩色的心形卡，子女在卡上寫出對父母的稱讚説話或加上圖畫（父母各給一張），例如：你很能幹、你唱歌很好聽、你煮的東西很美味等等，藉此肯定父母的能力。

父母也在卡上寫出對子女的稱讚説話，例如：你很聰明、你很可愛等等，來肯定子女的優點。如有兩名子女，要各自寫一張。

導師小提醒： 家庭成員要彼此欣賞各人的優點，多説正面鼓勵和肯定的話。

3. 與主心連心

(1) 每個家庭派發一張屋形卡。

(2) 各家庭把剛才各人寫好的心形卡，按他們認為美的形像或圖畫貼在屋形卡上（每家庭一張）。

(3) 然後在屋頂寫上全家的名字，再在上面貼上十字架型卡。

導師小提醒： 天父祝福每個家庭，喜歡全家人每天親近祂。但一家人如何親近天父？給他們時間回答（如祈禱、唱詩、做神喜悅的事等）。

家長給力點 

時間：10分鐘

請每位家長分享在這次聚會中最欣賞子女哪方面的表現，讚賞後，再給子女一個擁抱。

親親天父 

時間：10分鐘

把禱文以簡報形式投放出來（用紙卡顯示亦可）。由牧者或導師帶領，一起用禱文同心宣告（也可以主禱文代替）。

親愛的天父，感謝祢賜給我們有家人，求聖靈常充滿整個家庭，讓我們彼此相愛，和平共處。耶穌是我們家庭的主，所有事情都掌管在主的手中，我們要靠主常常喜樂。奉主名求，阿們！

感恩之言·祝福之語

家人彼此說一句讚美及感謝對方的話（避免有敷衍感覺，不要重複剛才心形卡的讚語），一同擁抱，由父親祝福禱告（如父親缺席，可由母親代替）。

> 我奉耶穌基督的名，祝福我的家人（說出名字），願恩惠、平安從我們的父神並主耶穌基督歸與你們！我們的家必定事奉耶和華。奉主名求，阿們！

彼此祝福

時間：5分鐘

一起唱詩歌《願你蒙福》，然後由牧者祝福家庭。

> 可加詩歌動作或彼此握手。
> •《願你蒙福》選自《祈禱仔唱詩歌3》。

頒獎禮

聚會後設頒獎禮、拍家庭合照，再一起吃心形三文治及茶點。

四.家長照照鏡

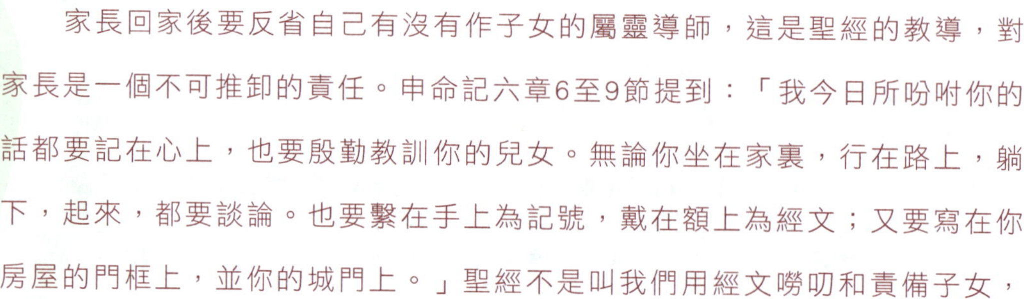

家長回家後要反省自己有沒有作子女的屬靈導師，這是聖經的教導，對家長是一個不可推卸的責任。申命記六章6至9節提到：「我今日所吩咐你的話都要記在心上，也要殷勤教訓你的兒女。無論你坐在家裏，行在路上，躺下，起來，都要談論。也要繫在手上為記號，戴在額上為經文；又要寫在你房屋的門框上，並你的城門上。」聖經不是叫我們用經文嘮叨和責備子女，而是父母要在日常生活中與子女一同活出信仰。有時遇到困難，千萬不要埋怨和放棄，要倚靠和順服神，相信神預備的是最好。父母犯錯信心軟弱時也要道歉，認錯並願意改過，才能贏得子女的尊重和信任。父母要在家建立家庭祭壇，一同敬拜主。

家庭祭壇的Don'ts & Dos	
Don'ts	**Dos**
1. 切忌時間太長（避免家人有很辛苦捱時間的感覺，可能十分鐘亦足夠）	1. 氣氛要溫馨（家人感到輕鬆）
2. 不要利用這段時間責備孩子	2. 以耶穌為中心（即使心情不愉快）
3. 不要利用內容來影射家人	3. 地點要安靜舒適（可坐地上、在牀上等，以舒適為主，最重要是讓各人可專心參與）
4. 不要討論其他事情（如旅行計劃、家庭瑣事）	4. 各人參與，人人平等（父母避免高高在上，以訓話口吻要子女乖乖的聆聽）
5. 內容不要偏重某一部分	5. 要以聖經真理為基礎

每一日舉行家庭祭壇，是家庭與神建立關係的一個過程，透過這過程能幫助我們將日常生活交在神的手中，相信神每天的供應，為快樂的事感恩，在患難中得安慰、幫助。[1]

五.真人真事

希希的故事

由家庭議會及香港大學家庭研究院聯合製作的家庭教育系列之「家庭治療篇」其中一個真實個案，講述一個有父母及兩名兒子的家庭，在長子八至十四歲期間，一家人如何經歷生活上的種種問題。

家長可瀏覽網頁www.familycouncil.gov.hk，按入家庭治療篇收看《希希的故事》。

六.父母加油站

1. 麥張偉芬：《家庭祭壇》。香港：更新資源，2008。
2. 畢德生：《童來靈修聖經》。香港：天道，2007。
3. 考柏夫婦：《全家讀經10分鐘》。台北：校園書房，2008。

註釋

1. 蘇緋雲：《育兒秘笈2》（馬來西亞：協傳培訓中心，2007），頁123~133；麥張偉芬：《家庭祭壇》（香港：更新資源，2008），頁162~166。

2. 教會大家庭

開心遊戲醒一醒

家庭協奏曲 ⇨ 四肢伸展活動

詩歌敬拜

《讚美聲不停》、《快樂的家園》
《教會一家》

家庭價值知多少

穿梭時空之旅 ⇨ 家長給力點 ⇨
親親天父 ⇨ 感恩之言・祝福之語 ⇨
彼此祝福 ⇨ 頒獎禮

家長照照鏡 ⇨ **真人真事** ⇨

父母加油站

經文：「你們若有彼此相愛的心，眾人因此就認出你們是我的門徒了。」（約十三35）

目的：我們相信了耶穌，成為基督徒後，每週都會返教會參與崇拜、上主日學，學習聖經，參與小組、團契，與主內弟兄姊妹相交。為何我們要返教會？我們除了有自己的家庭，有自己的親人，當信耶穌後，我們與其他信徒便是一家人，而教會就成為我們屬靈的家。神在創造後把第七日定為安息日，要人在工作中停下來，記念神的創造和救贖。今次聚會藉著回顧舊約時代人類敬拜主的方式，以及新約時代教會的建立，提醒今天的家庭要重視教會生活，不要因生活忙碌、考試、上興趣班或娛樂而停止聚會。

一.開心遊戲醒一醒

先按人數分組，可以比賽形式進行，在不同的遊戲環節上加分，凝聚氣氛，評分必須公平公正、合情合理，適當時要表達讚賞和鼓勵。

時間：15分鐘

材料：字卡

：不同樂器，如搖鼓、響板、沙槌、三角鈴等簡便敲擊樂器

預備：在字卡上寫上不同家庭成員稱呼，如爸爸、媽媽、哥哥、姊姊、弟弟、妹妹、我自己

家庭協奏曲

(1) 各人先抽一張代表某家庭成員的角色字卡。

(2) 導師說出組成家庭成員的數目，如一家三口、一家六口、一家八口等，各人便要按家庭成員數目找不同角色組成一個完整的家庭（每組合一定要有爸爸、媽媽和我自己在內，再按人數加入兄弟姊妹）。

(3) 組成後，便可拿起預先在檯上準備好的不同樂器，如搖鼓、響板、沙槌、三角鈴等簡便敲擊樂器，奏出「愛的鼓勵」節奏。

(4) 如在這環節上，沒有足夠角色組成家庭的或組合錯誤（如沒有爸爸、媽媽和我自己在內），便變成無家可歸者，要蹲下來。

齊來加加分： 導師看哪個家庭正確而節奏最齊、最合拍，便可加分。導師可在這環節裏送小禮物或貼紙給每次勝出的組合。

四肢伸展活動

(1) 導師帶領眾人張開雙腳，舉起兩手，抬頭仰望天父，一起說：「哈利路亞！」

(2) 導師帶領眾人合起雙腳，合起雙手放於胸前，低下頭，細聲一起說：「哈利路亞！」

可以數次不同快慢的速度說「哈利路亞」。

二.詩歌敬拜

按人數設計領唱詩歌的形式。
- 《讚美聲不停》選自《祈禱仔唱詩歌3》。
- 《快樂的家園》選自《祈禱仔唱詩歌2》。
- 《教會一家》選自《齊唱新歌3》。

時間：15分鐘

宣召：「你們要讚美耶和華！在神的聖所讚美他！在他顯能力的穹蒼讚美他！」（詩一五〇1）

詩歌：《讚美聲不停》、《快樂的家園》、《教會一家》

以禱告結束，將榮耀歸神，求神掌管今天的聚會。

三.家庭價值知多少

穿梭時空之旅

時間：45分鐘

材料：聖經中不同時期的敬拜地點圖片

：報紙

：大白色布

：金燈台和約櫃模型

：1張卡紙

：1支白板筆

：10多個紙盒

：1個木製十字架

：不同人或物的圖片

：不同活動的圖片

：百力滋和威化餅

預備：把聖經中不同時期的敬拜地點圖片製成簡報。

：準備一些圖片或簡報顯示不同的人或物，如牧師、會友、洗手間、禮堂、聖經、十字架、超人、扭蛋機、手槍等等。

：導師預先準備一些圖片或簡報顯示不同的活動，如崇拜、打架、主日學、聚餐、玩遊戲機、佈道會等等。

1. 聖經時代的敬拜場景

以時光隧道方式講述聖經時代的敬拜場景。導師可以圖片或簡報方式，輔助講述聖經中不同時期的敬拜地點，並依次序，每次請一個家庭出來扮演進入該敬拜方式場景的人，然後一起唱《讚美聲不停》去敬拜神。

(1) 亞伯蘭築壇（參創十二6~9）

場景：神定第七日為安息日，讓人敬拜神，當時亞伯蘭曾在不同地方築壇獻祭，在那裏敬拜神、親近神、祈禱。亞伯蘭是一個築壇的人，每到一個新地方便築壇與家人敬拜，並不因搬遷引起不便而不敬拜神。

敬拜：預備報紙搓成圓形當石頭，請一個家庭出來築壇，帶領會眾唱《讚美聲不停》敬拜神。

(2) 摩西建造會幕（出二十五~二十七章）

場景：摩西帶領以色列人出埃及後在不同的帳幕居住，而神吩咐摩西按祂指示建會幕，而會幕就是敬拜神的地方。在會幕敬拜是表示神與以色列人同在，是非常重要的。

敬拜：預備一塊大白色布，請一個家庭出來舉起雙手拉著布的四角，造成會幕，可將金燈台、約櫃模型放入內，導師帶領會眾排成一行，把兩手搭著前面弟兄姊妹的肩膊，帶領會眾唱《讚美聲不停》穿過會幕敬拜神。

(3) 大衛立意建聖殿，並由所羅門建成（代上二十九章；王上五~八章）

場景：大衛有感自己住在皇宮而有意為神建聖殿，但神只需他預備建聖殿的材料，並屬意由他兒子所羅門來建造聖殿。

敬拜：預備數個紙盒和一張卡紙、一支白板筆，請一個家庭出來合作砌一座聖殿，然後用白板筆在卡紙寫上聖殿二字，貼在殿頂上，帶領會眾唱《讚美聲不停》敬拜神。

(4) 保羅建立教會（徒十三章）

場景：當主耶穌來到世上傳福音，揀選門徒，直至釘十架，復活升天後，福音便由門徒繼續在世廣傳，讓更多人信主。使徒保羅四周傳福音，在各地方建立教會，幫助信徒明白真理，使他們在教會敬拜神，過聖潔生活，彼此相愛。

敬拜：預備十多個紙盒，一個木製十字架，請一個家庭出來合作砌成高高的現代化教會建築物，在頂上放上十字架，並宣告「大功告成！」然後帶領會眾唱《讚美聲不停》敬拜神。

2. 問答比賽

(1) 在舊約及新約時代，人在哪裏敬拜神？

答：築壇、會幕、聖殿、教會（今日聚會的地方）。

(2) 十字架是基督教的信仰標記，不少教會建築物的內外也放置了十字架。你們知道我們這間教會一共有多少個十字架呢？這些十字架放在哪兒？

答：讓家庭成員一起商量後作答，答案按教會的十字架數目而定。

(3) 教會內會遇上哪些人？還有甚麼設施和擺設？

答：請小朋友當看見是關於教會的人或物便舉手，不然便將手交叉放於胸前。

顯示一些不同人或物的圖片或簡報。

(4) 教會內會舉行甚麼活動？

答：請小朋友當看見是關於教會的活動便舉手，不然便將手交叉放於胸前。

顯示一些不同活動的圖片或簡報。

導師小提醒： 在教會內可聚會、聚餐、玩遊戲，但最重要的是有神的愛在當中，而最開心是有人信耶穌，加入教會這大家庭。大家若只聚會不傳福音，便更少人認識主的救恩，所以要積極傳福音，否則教會便會萎縮。在歐洲有很多宏偉美麗的大教堂，因參與聚會人數愈來愈少，最後只淪為旅遊景點，非常可惜。

齊來加加分： 答對問題的家庭可以獲得加分。

提醒各人可先洗手，或以濕紙巾清潔雙手或戴即棄膠手套。

3. 共建神家

每個家庭一同以百力滋和威化餅，設計一座教會，可以用百力滋做十字架，再放上心形朱古力。一同設計你喜歡的教會。

導師小提醒： 提醒小朋友教會並非單指一座建築物，今日的教會建築物各具特色，有些是整座、有些只有一層樓；有外型獨特的、有不起眼的，但教會最重要的是有神的同在，弟兄姊妹在教會內彼此相愛、彼此祝福，愛人如己，活出一個有生命力的信仰，人們才會認出我們是基督徒，也因有好見證，別人才肯信主。

家長給力點

時間：10分鐘

請每個家長分享在這次聚會中最欣賞子女哪方面的表現。讚賞後，再給子女一個擁抱。

親親天父

時間：10分鐘

把禱文以簡報形式投影出來（用紙卡顯示亦可）。由牧者或導師帶領，一起用禱文同心宣告（也可以主禱文代替）。

親愛的天父，求聖靈常充滿整間教會，賜給我們彼此相愛的心，積極傳福音。祝福牧師和傳道人，滿有恩膏，事奉得力。奉主名求，阿們！

感恩之言‧祝福之語

家人彼此說一句讚美及感謝對方的話，一同擁抱，由父親按手為家人子女祝福禱告（如父親缺席，可由母親代替）。

我奉耶穌基督的名，祝福我的家人（說出名字），願恩惠、平安從我們的父神並主耶穌基督歸與你們！我們的家必定事奉耶和華。奉主名求，阿們！

彼此祝福

《願你蒙福》選自《祈禱仔唱詩歌3》。

時間：5分鐘

一起站立、擁抱、拍手唱詩歌《願你蒙福》，然後由牧者祝福家庭。

頒獎禮

聚會後設頒獎禮、拍家庭合照，再一起吃剛才玩遊戲時用的百力滋、威化餅及茶點。

小朋友可能會說：「吓！吃自己的教會？」導師可解釋這是剛才玩遊戲時用食物造出來的，現實中的教會建築物是由水泥、磚塊造成的，當然不能吃。

四.家長照照鏡

香港的家長都希望子女能贏在起跑點，甚至在剛懷孕或嬰孩初生時，便一早預備栽培方式。每天補習、參加不同才藝班，不斷催谷子女讀書成績，令孩子不勝負荷，有時為了遷就名師的上課時間表，甚至連星期日也不能參加教會聚會。其實小孩子從小能在教會成長，與弟兄姊妹相交，學習聖經，彼此代禱，互相守望，這樣的教會生活是非常重要的靈命成長歷程。時間一逝，這些缺失根本不能彌補，所以父母要反省，應鼓勵子女星期日要放下學習或玩樂事情，一同到教會敬拜神。家長、兒童導師不要因小朋友表示教會生活沉悶而指責他們，兒童在教會學習聖經真理，應有愉快和生活化的體驗，導師切忌以說教、死記硬背及不求甚解的方式去教導，因這樣會讓孩童厭倦學習聖經；當他們年紀稍長時，便會自行選擇不回教會。父母在日常生活中多與子女分享聖經真理和個人經歷神的見證，潛移默化，使他們將信仰與生活合一，學習把信仰實踐出來。父母在培育子女過程中，在知識追求和靈命成長之間應取得平衡，子女才能在身心靈都健康成長，滿有基督長成的身量。除了學業成績外，父母更應鼓勵兒童以神的話語為生活的根基，這樣才是真正的聰明人。因為「敬畏耶和華是智慧的開端，認識至聖者便是聰明」（箴九10）。

五.真人真事

廖啟智和陳敏兒家庭的見證

廖啟智和陳敏兒的兒子廖文諾患上癌症，使他們精神瀕臨崩潰。因著教會牧者及弟兄姊妹的支持和代禱，讓他們夫婦在信心低谷中，恢復與神的關係，安然接受兒子的離世，並以文諾的見證舉行佈道會，很多人因此受感動而信主。

《小麥子影音見證》。DVD。香港：真証傳播，c.2006。

六.父母加油站

1. 屈黎懿堅等：《塑造兒童靈命》。香港：浸信會，2007。
2. 賴瑞・福樂：《培育屬靈的新世代》。林恂惠譯。香港：道聲，2009。
3. 《小麥子影音見證》。DVD。香港：真証傳播，c.2006。

3. 伊甸園冒險記

開心遊戲醒一醒

西瓜香蕉蘋果橙 ⇨ 呼吸遊戲

詩歌敬拜

《我在這裏讚美》、《神創造這世界》

《我只想去讚美你》

家庭價值知多少

分組比賽 ⇨ 家長給力點 ⇨

親親天父 ⇨ 感恩之言・祝福之語 ⇨

彼此祝福 ⇨ 頒獎禮

家長照照鏡

真人真事

父母加油站

經文：「神就照著自己的形像造人，乃是照著他的形像造男造女。神就賜福給他們。又對他們說：『要生養眾多，遍滿地面，治理這地。』」（創一27~28）

目的：從神創造的第一個家庭——亞當和夏娃的家庭——反思當代家庭的屬靈狀況。神照自己的形像創造「亞當和夏娃」，建立一男一女的婚姻制度，希望他們生養眾多，成為神所有創造的管家。

神創造家庭亦是要人享受愉快、和諧的家庭關係，可惜亞當、夏娃不願順服神，聽了蛇的引誘，以為犯罪不一定會死，最終作了神禁止的事，因著犯罪而被神逐出伊甸園，禍延後代，失去了享受伊甸園的祝福。希望藉此聚會，提醒家長及子女應每天敬拜親近神，強化家庭功能和性別角色，遵行神的話，避免犯罪讓神傷心。

一.開心遊戲醒一醒

先按人數分組，可以比賽形式進行，在不同的遊戲環節上加分，凝聚氣氛，評分必須公平公正、合情合理，適當時要表達讚賞和鼓勵。

時間：15分鐘

材料：水果貼紙或有水果圖案或名稱的字卡

西瓜香蕉蘋果橙

(1) 每人均貼上不同的水果貼紙或掛上水果圖案或名稱的字卡。

(2) 導師說哪兩種水果成為好朋友，他們便圍在一起笑著彼此握手，不能成為朋友的兩種水果則要做哭的表情。

例：西瓜和橙是好朋友（笑著握手），香蕉和蘋果就無朋友（哭）。

香蕉和西瓜是好朋友（笑著握手），蘋果和橙就無朋友（哭）。

西瓜、香蕉、蘋果和橙都無朋友（全部在哭）。

後來，西瓜、香蕉、蘋果和橙因為信了耶穌，全部都成為好朋友（全部在笑）。

可先以試玩方式觀察各人的反應是否正確，要以正面鼓勵，避免在首個遊戲便作出負面的批評。

以開心愉快的心情準備進入詩歌敬拜。

呼吸遊戲

導師先讓大家安靜下來，用不同速度深呼吸數一（呼）、二（吸）、三（呼）……有快有慢看哪一個家庭最合拍。

齊來加加分：導師可在這環節上加分。

二.詩歌敬拜

可按人數設計領唱詩歌的形式。
•《我在這裏讚美》選自《可喜可樂之城3》。
•《神創造世界》選自《可喜可樂之城1》。
•《我只想去讚美你》選自《我要讚美耶和華》。

時間：15分鐘

宣召：「凡有氣息的都要讚美耶和華！你們要讚美耶和華！」（詩一五〇6）

詩歌：《我在這裏讚美》、《神創造世界》、《我只想去讚美你》

以禱告結束，將榮耀歸神，求神掌管今天的聚會。

三.家庭價值知多少

分組比賽

時間：45分鐘

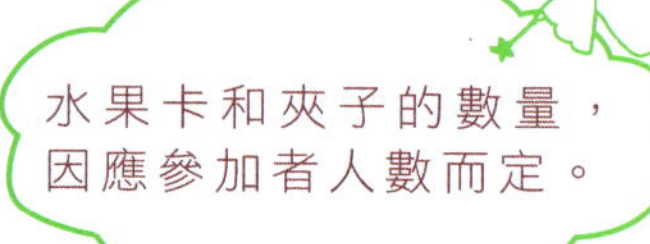

材料：不同物件的圖片

：不同性別的服飾

：多張水果形卡紙

：2幅棕色布

：多個夾子

：水果沙律

預備：在報紙和雜誌上剪下不同的圖片，例如雀鳥、樹、卡通憤怒鳥、吉蒂貓、牛奶等等。

：準備一些容易分辨出男女的服飾，如領帶、裙子、頭飾等。

：在水果形卡紙上寫上神喜歡或不喜歡我們做的事，如禱告、讀經、講髒話、吸煙、返教會、看星座運程、傳福音、濫藥等等。

1. 神人創造大決戰

(1) 以家庭作組別單位。導師先展示一些不同事物的圖片，讓家長與子女一起把神創造的東西和人製造的東西分辨出來。讓家庭各成員透過這活動，思考哪些東西是神創造的。

藉此活動強化各成員間的合作，對於較緩慢的家庭要鼓勵，不要讓他們有挫敗感，更要避免父母責罵子女的情況出現。

(2) 每個家庭成員選擇一樣最喜歡的神創造的食物，利用不同的動作表達出來，讓其他成員猜一猜究竟是甚麼東西。

導師小提醒：神既然賜予我們生命，必會供應一切所需，所以毋須為生活憂慮，應與家庭成員一起享受神所賜的，並感到滿足。

2. 男女有別

(1) 導師向各人說出「神就照著自己的形像造人，乃是照著他的形像造男造女」（創一27）。神在第六日創造人類，亞當、夏娃都反映神的形像，完全神聖，毫無玷污，神看「男性」與「女性」都是好的。今日無論我們是高矮肥瘦，神都看為美好，我們亦要肯定自己的性別角色。

(2) 邀請小朋友穿著與自己性別相符的衣服，家長則在旁鼓勵，看哪一組快而準。最後要肯定神創造男女性別的美好，對男孩說：「你是神創造的男孩子，神看是好的。」對女孩說：「你是神創造的女孩子，神看是好的。」

導師小提醒：兒女是耶和華所賜的，要接納子女的性別。

3. 生命樹與分別善惡樹對決

(1) 邀請每位小朋友抽一張水果形卡紙。

(2) 請兩位家長披上棕色布，分別扮作生命樹和分別善惡樹。讓小朋友分組，在指定時間內，把手上寫有神喜歡或不喜歡我們做的事的水果卡紙，用夾子掛在適當的樹上。若放置錯誤，導師要指出錯處，並讓他放回正確的樹上。

齊來加加分：正確地把水果卡紙掛上樹上可加分；若錯了，經指正後放回合適的樹上，只能拍掌以示鼓勵，不能加分。

導師小提醒：我們經常遇見試探，要學習向試探 Say No!

家長給力點

時間：10分鐘

請每位家長分享在這次聚會中最欣賞子女哪方面的表現。讚賞後，再給子女一個擁抱。

親親天父

時間：10分鐘

把禱文以簡報形式投放出來（用紙卡顯示亦可）。由牧者帶領，一起用禱文同心宣告（也可以主禱文代替）。

親愛的天父，祢是忌邪的神，求祢幫助我能與一切與魔鬼有關的事物劃清界線，不明知故犯。祢已經勝過一切，祢會保護我。當我有困難時，讓我記得向祢祈禱。奉主名求，阿們！

感恩之言‧祝福之語

家人彼此說一句讚美及感謝對方的話，一同擁抱，由父親祝福禱告（如父親缺席，可由母親代替）。

我奉耶穌基督的名，祝福我的家人（說出名字），願恩惠、平安從我們的父神並主耶穌基督歸與你們！我們的家必定事奉耶和華。奉主名求，阿們！

彼此祝福

時間：5分鐘

一起唱詩歌《願你蒙福》，然後由牧者祝福家庭。

《願你蒙福》選自《祈禱仔唱詩歌3》。

頒獎禮

聚會後設頒獎禮、拍家庭合照，再一起吃水果沙律及茶點。

四.家長照照鏡

神照自己的形像創造亞當、夏娃，要他們生養眾多，遍滿地面，治理這地，是給他們一個很高的地位。但他們卻不聽神的話，自我中心，放縱自己，不節制地選擇了吃分別善惡樹的果子。

今日不少基督徒家庭仍陷入罪中，選擇做一些自以為「不一定有問題」的事情，如貪財賭博，心想只要把部分彩金拿去做奉獻便可。作為父母，我們自然要在言談、衣著等各方面作孩子的榜樣，另方面也要肯定神賜孩子的性別，不要按自己心意去強求甚麼（如希望生男孩子便將女兒名字改為來弟、帶弟，又或將她打扮成男孩），形成性別角色混淆的心理問題。此外，要配合聖經中家庭的男女角色，父親是頭，是家庭的主導者，母親是協助者，要尊重丈夫的意見，從而成為孩子自幼在家庭中學習男女角色的良好榜樣。

五.真人真事

米高積遜的負面自我形像

已故美籍黑人歌手米高積遜（Michael Jackson）在青春期時不喜歡照鏡，因他滿面長滿暗瘡。父親都因他的容貌取笑他，這對米高積遜造成很大的傷害，天天為此而哭。由於得不到父親的肯定，並對他過分嚴厲，所以米高積遜很怕父親，想起父親也很傷感。

家長必須肯定子女的性別、外貌和能力，因他們都是照神的形像被造的。家長更要幫助子女建立健康的自我形像和接納自己的性別角色，以免造成日後的傷害。

根據一九九三年米高積遜的專訪（http://www.youtube.com/watch?v=M-hw0b77Rbo）；瀏覽於2013年6月17日。

六.父母加油站

1. 亨利・克勞德、約翰・湯森德：《為孩子立界線》。吳蘇心美譯。加州：台福傳播中心，2002。
2. 鍾斯坦、鍾盼娜：《如何與孩子談性》。劉美津譯。加州：美國麥種傳道會，2007。
3. 黃偉康：《性別有自信，孩子更快樂》。劉志雄譯。台北：校園書房，2013。

4. 方舟搖籃敬拜會

開心遊戲醒一醒

動物尋親 ⇨ 動物舞會

詩歌敬拜

《誰人造出彩虹》

《做個天父喜悅的孩子》

《幸福小生命》

家庭價值知多少

家庭劇場 ⇨ 家長給力點 ⇨

親親天父 ⇨ 感恩之言．祝福之語 ⇨

彼此祝福 ⇨ 頒獎禮

家長照照鏡

真人真事

父母加油站

經文：「我使雲彩蓋地的時候，必有虹現在雲彩中，我便記念我與你們和各樣有血肉的活物所立的約，水就再不氾濫、毀壞一切有血肉的物了。」（創九14~15）

目的：挪亞因順服神的吩咐造方舟，惟有他在耶和華面前蒙恩，而避過洪水之災，全家得以存活。可是，挪亞後來醉酒，他的兒子含因為這事而犯錯，咒詛臨到迦南。這裏提醒作父母的要常儆醒禱告，靠著主的能力改掉壞習慣，不給魔鬼留地步，凡事敬畏主，過聖潔的生活。

一.開心遊戲醒一醒

先按人數分組，可以比賽形式進行，在不同的遊戲環節上加分，凝聚氣氛，評分必須公平公正、合情合理，適當時要表達讚賞和鼓勵。

時間：15分鐘

材料：動物身體部位圖片卡

：完整的動物圖卡

：輕快音樂

預備：一些動物身體各部位的圖片卡，如大笨象的耳、鼻、腳、尾或身體。

動物尋親

(1) 導師取出動物身體部位圖片卡，各人抽一張，看後記下自己拿了甚麼動物及其部位，然後放在袋內，不要給別人看到。

(2) 導師向各人解釋遊戲規則，可先示範一次說：「開始尋親！」各人便要以動作和叫聲扮演抽到那張圖片卡的動物，然後尋找同類動物，再把各人袋內的卡取出，砌成一幅完整的動物圖片，並貼在白板或牆上。

齊來加加分： 每組均加分以示獎勵，例：最快完成的加三分，接著的加兩分，最慢的加一分（做到每組都得到鼓勵）。

動物舞會

(1) 各人重新抽取一張完整的動物圖卡，導師播放輕快的音樂，令氣氛輕鬆愉快。

(2) 當導師說：「動物舞會現在開始！動物要找舞伴，大笨象要和猴子一起跳舞。」手持大笨象和猴子動物圖卡的兩個人要走到前面，模仿該動物特性的動作一起跳舞，其他人在旁拍掌伴奏。

動物種類要多，不要重複。

(3) 導師繼續說出兩種不同動物的名稱，讓各人找到舞伴，直至全部人都扮演著動物一起在跳舞。

(4) 導師宣佈舞會結束，大家一同鼓掌。

齊來加加分： 兩個遊戲完成後，在開心的氣氛下按各組的表現加分。順著遊戲後開心高漲的情緒，導師帶領各組以不同動物的叫聲叫出「愛的鼓勵」，如貓咪之「愛的鼓勵」（咪咪 咪咪咪咪 咪咪）、羊之「愛的鼓勵」（咩咩 咩咩咩咩 咩咩）、豬之「愛的鼓勵」（噶噶 噶噶噶噶 噶噶）等，導師可在這環節給叫得最齊的一組加分。

二.詩歌敬拜

按人數設計領唱詩歌的形式。
- 《誰人造出彩虹》選自《天父世界唱遊樂歌集4》。
- 《做個天父喜悅的孩子》選自《祈禱仔唱詩歌2》。
- 《幸福小生命》選自《伍偉基作品1》。

時間：15分鐘

宣召：「我把虹放在雲彩中，這就可作我與地立約的記號了。」（創九13）

詩歌：《誰人造出彩虹》、《做個天父喜悅的孩子》、《幸福小生命》

以禱告結束，將榮耀歸神，求神掌管今天的聚會。

三.家庭價值知多少

家庭劇場

時間：45分鐘

材料：約20個紙盒

：深色布4幅

：淺色布4幅

：粉藍色布1幅

：彩虹圖像卡1張

：白紙 1 卷

：動物餅乾

預備：在白紙上寫上彩虹之約

1. 方舟嘉年華

(1) 導師先邀請四個男孩，分別扮演挪亞、挪亞的兒子閃、含和雅弗，並協助他們各自披上深色布。

(2) 邀請四個女孩，分別扮演挪亞的妻子、閃的妻子、含的妻子和雅弗的妻子，並協助她們各自披上淺色的布。

(3) 替各位挪亞家庭成員穿上戲服後，導師可詢問他們叫甚麼名字，好讓他們清楚認識聖經中挪亞這家庭的各成員。

(4) 導師根據創世記六至九章說出挪亞造方舟的故事。

可一面講述，一面配合簡報將故事圖片投影出來，讓會眾聆聽時更明白及專注。

故事重點

神按自己的形像造人，但因著人犯罪，世界在神面前敗壞，令聖潔的神不能容忍，神後悔造人於地。於是神要用洪水淹沒大地，把世人和地一併毀滅。惟有挪亞在神眼中是個義人，與神同行、敬拜神，在神眼前蒙恩。於是神命挪亞按照指示造方舟，帶同家人和有血肉的活物，每樣一雙，一公一母一同進方舟。挪亞按照神的吩咐造方舟，周圍的人看見了，都在嘲笑他說：「天氣這麼好，怎可能有洪水？做甚麼方舟，簡直是個瘋子！」

(5) 導師請扮演挪亞一家的小朋友用紙盒圍一個橢圓形，以他們自己的方法設計方舟，並請兩個大人拉起一塊粉藍色布，將布向上、下、左、右，飄盪地搖來搖去説洪水來了。接著導師便宣告：「洪水到了，挪亞要帶著家人和動物一起進方舟。」

(6) 請其餘的家長和小朋友扮演動物，要以一公一母為一組合，然後一同進入方舟。

導師小提醒： 入了方舟，鎖上門後，導師可作一個小提醒。神吩咐挪亞造方舟時，仍是天朗氣清，沒有下雨迹象，所以周圍的人都嘲笑他是瘋子。挪亞卻不怕被周遭的人嘲笑，一心一意按神的話行事。我很欣賞挪亞一點都不懷疑，絕對順服神的話，繼續按照神的吩咐造方舟。我們有時也會因為信仰的緣故而被人嘲笑，例如我們每逢星期日上教會，有些人會笑我們愚蠢，説為何不睡多些或留在家看電視？上教會很沉悶呢！不相信神的人不會明白我們所作的，千萬不要因此而懷疑神的信實。

故事重點

大雨連續下了四十天，洪水上漲，船漂起來了。大水蓋過世上所有高山，神將地上所有生物都毀滅掉，只剩下挪亞船上的人和動物仍生存。

(7) 導師提問各人挪亞一家在方舟四十天做些甚麼呢？導師可引導小朋友猜

一猜，提醒小朋友當時沒有電腦、互聯網、電郵及手提電話，所以他們一家會做甚麼呢？他們可能會玩遊戲、煮食、聊天，而挪亞平日住在地上時也和家人敬拜神，所以即使在方舟搖搖擺擺，也會一起敬拜神，家庭祭壇繼續在方舟出現。

(8) 導師帶領扮演挪亞一家和動物的家長和小朋友圍在用紙盒造的方舟一起敬拜神，一邊唱詩歌，以搖搖擺擺的方式，像在大海上的方舟一樣，一同配合動作敬拜神。

可選擇唱《我在這裏讚美》選自《可喜可樂之城3》。

導師小提醒： 敬拜神是挪亞一家生活的一部分，他們不只在陸地上的家實踐家庭祭壇，即使身在大海上的方舟內，全家亦會繼續一起親近神，沒有因環境的變遷而停止。我們平日又有沒有因搬家或外遊而停止了舉行家庭祭壇呢？

故事重點

挪亞一家上船後的第七個月，船擱在亞拉臘山上。四十天後，挪亞放出一隻烏鴉，烏鴉飛來飛去，直到地上的水都乾了。他又放出一隻鴿子，可是鴿子找不到可以降落的地方，挪亞就伸手接牠返回船上。挪亞再等了七天後，又放鴿子出去。到了黃昏的時候，鴿子啣著一片新摘下來的橄欖葉回來，挪亞就知道地上的水差不多都退了。他又等了七天，放出鴿子去，鴿子就不再回來了。挪亞六百〇一歲時，洪水都退了。他打開船的門，看見乾地。神吩咐挪亞可以下船上岸。

(9) 導師以一隻紙做的烏鴉舉起再放下來，以表示挪亞放烏鴉這環節。

(10) 導師以一隻紙做的鴿子舉起再放下來，表示鴿子出去後再接回。

(11) 導師以一隻紙做、嘴裏啣著橄欖葉的鴿子，舉起再放下來，表示鴿子出去後再回來。

(12) 導師以一隻紙做的鴿子舉起再放下來，表示鴿子出去後不再回來了。

在宣告神與我們立這彩虹之約時，可用圖卡或簡報顯示彩虹圖像。

(13) 挪亞一家先下船，然後其他動物有秩序地下船。
導師並宣告神以彩虹與世界立約，聖經說：「我使雲彩蓋地的時候，必有虹現在雲彩中，我便記念我與你們和各樣有血肉的活物所立的約，水就再不氾濫、毀壞一切有血肉的物了。」（創九14~15）

(14) 導師把寫有彩虹之約的白紙卷交給挪亞一家，並邀請他們拉開紙卷，然後全部人大聲地把彩虹之約朗讀出來。

導師小提醒： 在朗讀後，導師提醒各人，雖然神應許不再以洪水毀滅世界，但人類並沒有以此為鑑，現代社會仍充滿罪惡，與洪水滅世前沒有分別。所以我們要多為這世代禱告，求主憐憫世人，希望世人早日認識主耶穌，靠耶穌的力量得勝撒但，不再常常犯罪，得罪神。

2. 父親分享成功戒掉壞習慣的經驗

(1) 導師指出，雖然挪亞在神眼中是個義人，很順服神，但他卻有一個壞習慣，就是喜歡喝酒。挪亞有一次喝醉了，竟然赤著身子，而他的兒子含

也因為這事件而犯錯，令咒詛臨到迦南。（創九20~27）

(2) 著扮演挪亞的男孩子除下布，躺在地上。扮演含的男孩走近，然後再立即走開。

(3) 詢問各人，尤其是父親，他們有沒有一些壞習慣呢？請他們說出。

導師小提醒： 特別作為父親的要想一想，有沒有一些上癮習慣是要戒掉的，如吸煙、飲酒、賭博、打機等，甚至是一些不為意的壞習慣（會影響自己或家人的），可能在不知不覺間讓我們犯罪。如果有，我們便要禱告，求神加能力，提醒我們戒掉它。

家長給力點 

時間：10分鐘

請每位家長分享在這次聚會中最欣賞子女哪方面的表現。讚賞後，再給子女一個擁抱。

親親天父

時間：10分鐘

把禱文以簡報形式投放出來（用紙卡顯示亦可）。由牧者或導師帶領，一起用禱文同心宣告（也可以主禱文代替）。

親愛的天父，感謝祢以彩虹與我們立約，不再以洪水來毀滅一切有血肉的物。求主赦免世人的罪，賜我們悔改的心，過合神心意的生活。奉主名求，阿們！

感恩之言‧祝福之語

家人彼此說一句讚美及感謝的話，一同擁抱，由父親祝福禱告（如父親缺席，可由母親代替）。

> 我奉耶穌基督的名，祝福我的家人（說出名字），願恩惠、平安從我們的父神並主耶穌基督歸與你們！我們的家必定事奉耶和華。奉主名求，阿們！

彼此祝福

時間：5分鐘

一起唱詩歌《願你蒙福》，然後由牧者祝福家庭。

> 《願你蒙福》選自《祈禱仔唱詩歌3》。

頒獎禮

聚會後設頒獎禮、拍家庭合照，再一起吃動物餅及茶點。

四.家長照照鏡

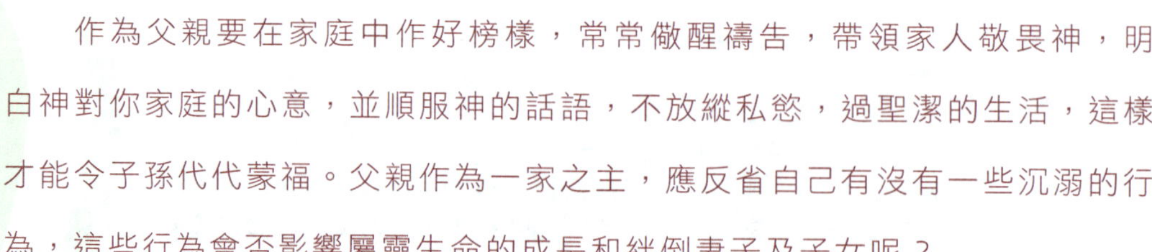

作為父親要在家庭中作好榜樣，常常儆醒禱告，帶領家人敬畏神，明白神對你家庭的心意，並順服神的話語，不放縱私慾，過聖潔的生活，這樣才能令子孫代代蒙福。父親作為一家之主，應反省自己有沒有一些沉溺的行為，這些行為會否影響屬靈生命的成長和絆倒妻子及子女呢？

「所以，不要容罪在你們必死的身上作王，使你們順從身子的私慾。也不要將你們的肢體獻給罪作不義的器具；倒要像從死裏復活的人，將自己獻給神，並將肢體作義的器具獻給神。罪必不能作你們的主。」（羅六12~14）希望每個父親都時時緊記這經文的提醒，不論在很繁忙或很大壓力的生活中，都能找到正確放鬆自己的方式，不以罪中之樂作減壓的方法。

五.真人真事

把愛說出來

林遲祖傳道視力只有正常人的百分之五，幾近乎失明。但他對神信靠順服，愛護妻子，按照聖經教養兩個女兒，帶領全家敬畏神，並在教會以真理牧養青少年人。他沒有要求女兒有甚麼過人才藝，只求她們能向神交代。他認為只要不違反聖經真理，應該多給子女空間，並教導她們凡事都要先問問天父才做決定。他喜歡與兩個女兒開心説笑，一起玩耍，以此作為良好的溝通方式。他鼓勵父親要「把愛説出來」，不要常常沉默。

《樂・滿家》。DVD。香港：真証傳播，c.2007。

六.父母加油站

1. 區祥江：《丈夫不敗之謎》。香港：突破，2004。
2. 何志滌：《飛一般男人》。香港：家庭基建，2004。

3. 黃瑞君：《突破沉溺》。香港：冬青樹，2004。

4.《樂・滿家DVD 》。香港：真証傳播，c.2007。

5. 信心媽媽

開心遊戲醒一醒

改名換姓 ⇨ 我有我意思

詩歌敬拜

《生命有價》、《天陰天晴天下雨》
《小小的夢想》

家庭價值知多少

聖經母子對對碰 ⇨ 家長給力點 ⇨
親親天父 ⇨ 感恩之言・祝福之語 ⇨
彼此祝福 ⇨ 頒獎禮

家長照照鏡

真人真事

父母加油站

經文：「我祈求為要得這孩子；耶和華已將我所求的賜給我了。所以，我將這孩子歸與耶和華，使他終身歸與耶和華。」（撒上一27~28）

目的：哈拿向耶和華懇切的禱告，求天父賜她一個孩子，並承諾使兒子終身歸與耶和華。耶和華顧念哈拿，賜她一個兒子，她把兒子起名叫撒母耳，意思是「上帝聽了」。撒母耳三歲時，哈拿便把他送到祭司以利那裏，學習事奉神。撒母耳長大後被耶和華立為先知，被神使用。藉著哈拿向神求子這故事，並她願意把撒母耳奉獻給神的經歷，讓母親回憶由懷孕至產子的片段，提醒她們兒女是耶和華所賜的，鼓勵她們把子女奉獻給神，按神的心意去教養子女，不要被現今社會的潮流、文化或價值觀影響，並由子女年紀小時為他們禱告，讓他們能按照神的心意及計劃成長，將來成為神所使用的人。

一.開心遊戲醒一醒

先按人數分組，可以比賽形式進行，在不同的遊戲環節上加分，凝聚氣氛，評分必須公平公正、合情合理，適當時要表達讚賞和鼓勵。

時間：15分鐘

材料：小卡紙

：筆

：3個紙箱

預備：在1個紙箱外貼上「姓」字、在2個紙箱外分別貼上「名」字。

改名換姓

(1) 每人進場時先把自己姓名中的每一個字分別寫在三張小卡紙上，例如陳小明，「陳」字寫一張，「小」字寫一張，「明」字寫一張；若是複姓，如司徒，則寫在同一卡紙上，然後按「姓」和「名」分別放進適當的紙箱內。

(2) 每個家庭輪流派一成員出來，在三個紙箱內各抽出一張卡紙，直至所有字卡被抽完為止。

齊來加加分： 抽中屬於自己家庭成員的名字卡，每卡加10分，如抽到其他的，便不會加分。

我有我意思

(1) 撒母耳名字的意思是「上帝聽了」，表示神聽了哈拿的禱告，賜她一名兒子。我們的名字都有著意思，當父母為我們改名時，都代表了他們的期望，或希望從名字中帶出一些意義。

(2) 導師將剛才全部的字卡再平均派發給各人，然後在名單上讀出一位小朋友的名字，各組便要盡快拿出手上的姓氏及名字卡，一同合作拼合名字，並貼在白板上，砌成小朋友的名字。然後邀請該名字的小朋友及他的父母出來，先讀小朋友的名字，再請他們解釋小朋友名字的意義。為何為子女改這個名字？希望他將來成為一個怎樣的人？

齊來加加分： 每個有相關姓氏或名字小卡紙的組別都要加分，並為小朋友的名字表示欣賞而一同拍「愛的鼓勵」。

二.詩歌敬拜

按人數設計領唱詩歌的形式。
- 《生命有價》選自《團契遊樂園3》。
- 《天陰天晴天下雨》選自《May姐姐兒童詩歌系列》。
- 《小小的夢想》選自《讚美之泉兒童敬拜讚美專輯1》，可只選唱副歌。

時間：15分鐘

宣召：「我要稱謝你，因我受造，奇妙可畏；

你的作為奇妙，這是我心深知道的。」

（詩一三九14）

詩歌：《生命有價》、《天陰天晴天下雨》、《小小的夢想》

以禱告結束，將榮耀歸神，求神掌管今天的聚會。

三.家庭價值知多少

聖經母子對對碰

時間：45分鐘

材料：聖經中曾提及的一些母親及兒子的圖像及名字

：畫紙

：畫筆

：Like大姆指印章（如無like字，其他讚賞的印章或貼紙亦可）

：奶類飲品

預備：導師先準備一些聖經中曾提及的母親及兒子的圖像及名字，以母親圖像及名字為一組，兒子圖像及名字為另一組，製成簡報。例如：哈拿的圖像及名字：介紹出她向神求子、誕下撒母耳的事迹；然後是撒母耳的圖像及名字：成為先知。馬利亞受聖靈感孕，誕下耶穌，成為基督。利百加教小兒子雅各欺騙父親，得長子名分，使大兒子以掃想追殺雅各，導致兄弟不和。伊利莎白懷孕時被聖靈充滿，誕下施洗約翰，為主耶穌預備道路。

1. 一人有一個阿媽

(1) 導師先介紹聖經中一些母親養育兒子的故事，從而帶出這兒子被神使用的原因。邊講説時可邊播放有關人物及其特質的簡報。

(2) 介紹完畢，請導師抽選一位母親的圖像及名字，請小朋友説出她兒子的名字及長大後的情況。例如：當導師抽到伊利莎白時，小朋友要鬥快舉手起來答：「誕下施洗約翰，為主耶穌預備道路。」抽到馬利亞時，小朋友要答：「誕下耶穌，成為基督。」如小朋友答得不正確，導師須引導他們思考正確的答案，而不要立即評斷他們答對或錯。如小朋友回答時不流暢或缺漏，導師亦可加以指導。

齊來加加分： 答案正確或補答正確，可獲加分。對答錯的小朋友説：「對不起，請你繼續留心聽啊！會有機會再答問題。」

(3) 請小朋友分析母親的性格及教導方法怎樣影響兒子成長後的行事為

人，例如利百加曾教小兒子說謊欺騙父親，最終引致兄弟不和。

齊來加加分：答對的加分，其他則以掌聲鼓勵。

(4) 導師在總結時，可引導大家思考上一代的問題如何影響下一代。

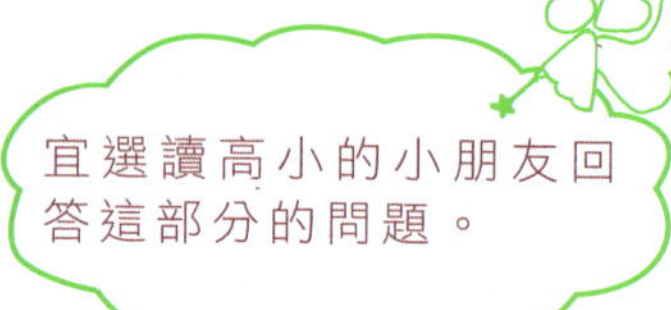

導師小提醒：胎兒在母腹中已受母親的情緒影響，又因父親常出外工作，出生後多由母親在家教養，孩子的情緒、智力和道德價值觀也深受母親的影響，所以母親要由懷孕期便開始多為子女禱告。孩子出生後，要每天教導孩子認識神、親近神，學習聖經，潛移默化，將來孩子長大後，聖經真理在他心內根深蒂固，便能活出合神心意的生活。

2. 十月懷胎大事回顧

(1) 請每位母親逐一分享懷孕時的感受，然後以一樣物件形容初生的孩子，作母親的可能會說：「懷孕時雖感不適，常常作嘔，但內心很開心，期盼著嬰孩的出生，當看到初生的嬰兒，感到他皮膚幼嫩，如像棉花般柔軟。」（又或像紅蘋果般可愛、像小豬般肥胖等）

(2) 請她們的丈夫和子女親吻她，說聲：「媽媽，我愛你！」作為答謝太太、媽媽懷胎十月孕育及教養的辛勞。

(3) 當每位媽媽都分享完畢後，導師可作小提醒。

導師小提醒： 提醒每位媽媽當初能順利孕育及誕下健康的孩子，並不容易，期間會出現很多不同的情況，這全是神的恩典。所以要感恩，讓孩子健康快樂地成長，培養他們敬畏神的心。

3. 理想媽媽在我家

請小朋友用畫紙畫出最喜歡媽媽在家中常做的三件事，如煮飯、插花、玩遊戲、說故事等等，然後簽上名字，蓋上Like大姆指印章（如無like字，其他讚賞的印章或貼紙亦可），送給媽媽。

家長給力點 

時間：10分鐘

請每位家長分享在這次聚會中最欣賞子女哪方面的表現。讚賞後，再給子女一個擁抱。

親親天父

時間：10分鐘

把禱文以簡報形式投放出來（用卡紙顯示亦可）。由牧者或導師帶領，一起用禱文同心宣告（也可以主禱文代替）。

> 親愛的天父，感謝祢賜孩子給我們，求聖靈教導我們如何養兒育女，願他們都能成就祢在生命中的計劃。奉主名求，阿們！

感恩之言．祝福之語

家人彼此說一句讚美及感謝對方的話，一同擁抱，由父親按手為家人子女祝福禱告（如父親缺席，可由母親代替）。

我奉耶穌基督的名，祝福我的家人（說出名字），願恩惠、平安從我們的父神並主耶穌基督歸與你們！我們的家必定事奉耶和華。奉主名求，阿們！

彼此祝福

時間：5分鐘

彼此握手、擁抱、同唱詩歌《願你蒙福》，然後由牧者祝福家庭。

《願你蒙福》選自《祈禱仔唱詩歌3》。

頒獎禮

聚會後設頒獎禮、拍家庭合照，再一起喝奶類飲品（代表靈奶）及茶點，提醒父母用靈奶餵養小朋友的重要性。

四．家長照照鏡

請回想當年剛知道懷孕時，特別是媽媽，想到將會有一個小生命來到你家，你的心情是怎麼樣呢？

「等了很久，終於懷孕了，很開心啊！」

「這是意外，沒有準備生孩子，很無奈啊！」

「未婚懷孕，生或不生這孩子呢？很苦惱啊！」

「希望是男，如果又是女，很失望啊！」

每位父母想想，當你知道將有個小生命來到你家時，你的心情如何？

聖經詩篇一百二十七篇3節說：「兒女是耶和華所賜的產業；所懷的胎是他所給的賞賜。」無論當初你是否計劃生這孩子，無論孩子是否符合自己的期望，例如孩子的性別、樣貌（眼大些、鼻高些就更好？）和智力（聰明些就更好？）等，甚或你的孩子有缺陷，請每位父母都完全接納和愛他們，存感恩的心，接受這份耶和華所賜給你獨一無二的禮物，並且每天都為孩子禱告。

五.真人真事

蔡元雲醫生的小兒子蔡暉明及媳婦黃美萍，懇切禱告求主賜孩子，後來太太真的懷孕了，在欣喜若狂之際竟經歷小產。在傷心過後他們再向神憑信呼求，神終於賜下雙胞胎兒子。

《惟獨祢敬拜音樂佈道會》。VCD。香港：基恩敬拜音樂事工，c.2007。

藉多個新生嬰兒改寫父母生命的故事，將愛與祝福帶給身邊的人，明白到每個生命都有從神而來的使命。

《天地孩兒》。VCD。香港：影音使團，c.2005。

六.父母加油站

1. 麥格納夫婦：《為未生的孩子禱告》。林文英譯。台北：以琳書房，1993。

2. 史多美・瑪森：《如何為你的孩子禱告》。俞一菱譯。台北：以琳書房，1995。

3. 蘇緋雲：《育兒秘笈》。馬來西亞：協傳培訓中心，2007。

4. 蘇緋雲：《教子成功的秘訣》。德州：美國福音證主協會，1996。

6. 養不教，父之過

開心遊戲醒一醒

有樣學樣 ⇨ 虎父無犬子

詩歌敬拜

《齊來榮耀歡笑頌讚》

《做個天父喜悅的孩子》

《在天上的爸爸》

家庭價值知多少

獎罰有道互愛家 ⇨ 家長給力點 ⇨

親親天父 ⇨ 感恩之言．祝福之語 ⇨

彼此祝福 ⇨ 頒獎禮

家長照照鏡

真人真事

父母加油站

經文：「你們所忍受的，是神管教你們，待你們如同待兒子。焉有兒子不被父親管教的呢？」（來十二7）

目的：祭司以利的兩個兒子，藐視耶和華的祭物，在神面前犯罪甚重，但以利並沒有阻止他們。耶和華透過撒母耳譴責以利尊重兒子甚於耶和華，知道兒子犯錯卻不禁止他們，以致耶和華發怒降罰以利家。（撒上二12~三18）藉此聚會讓平日忙於工作的父親，反省平日對子女的管教方式是否恰當，子女犯錯時有沒有糾正他們，引導他們改過，過合神心意的生活。過分放縱或過分嚴厲都不是良好的教導方式，出於愛心的管教才能讓子女健康成長。

一.開心遊戲醒一醒

先按人數分組，可以比賽形式進行，在不同的遊戲環節上加分，凝聚氣氛，評分必須公平公正、合情合理，適當時要表達讚賞和鼓勵。

時間：15分鐘

材料：卡紙多張

：紙箱1個

：著名父子的照片和他們的名字

：讚賞貼紙（如「Like」貼紙）

預備：在每張卡紙上分別寫上不同的動作，如大笑、單腳跳、伸懶腰、打瞌睡、吸煙、鞠躬等等。

卡紙的數量按出席的父親人數而定，約每人一張。

：把著名父子的照片和名字製成簡報，如：戴德生的兒子是戴存仁，同是中國傳教士；蔡元雲醫生的兒子是蔡暉明，同在突破機構事奉，服事青少年。導師可因應教會熟悉的人物而自定人選加入他們的照片及名字，只要是正面有好榜樣的父子便可，如牧師和他的兒子也是傳道人。

有樣學樣

(1) 導師先把寫上不同動作的卡紙放在紙箱內。

(2) 請所有父親輪流出來抽一張動作卡，按卡上所標示的動作做出動作後，他的家人便要跟著做這動作。

為了使遊戲氣氛緊湊，父親要一個接著一個出來，動作完成後即加分，然後便由下一位父親做動作，避免有冷場出現。

齊來加加分： 跟父親做得最合拍、最相似而又快而準的家庭可加分。

虎父無犬子

(1) 導師以簡報投影一些著名父子的照片，並逐一介紹。

(2) 請每個家庭的父親帶同子女逐一出來，讓父親想想，然後說一種子女跟他一樣的強項，如有幾名子女，便要想各子女有哪些跟他一樣的強項。可以是才幹，如打羽毛球、踢足球、精於數學、唱歌動聽等等；也可以是品格方面，如誠實、有愛心、堅強、負責任等等。

(3) 每位父親說完後，大家一同鼓掌，給予鼓勵。

(4) 遊戲完結後，導師帶領大家用身體帶動雙腳左右搖擺，一邊以不同快慢速度說：「榮耀、榮耀！」最後一同舉手說：「榮耀歸給父神！」然後，進入詩歌敬拜環節。

齊來加加分： 導師給父親和子女讚賞貼紙貼在手背上，並每個家庭加分作獎勵。

二. 詩歌敬拜

按人數設計領唱詩歌的形式。
- 《齊來榮耀歡笑頌讚》、《做個天父喜悅的孩子》選自《祈禱仔唱詩歌2》。
- 《在天上的爸爸》選自《可喜可樂之城1》。

時間：15分鐘

宣召：「父親怎樣憐恤他的兒女，耶和華也怎樣憐恤敬畏他的人！」（詩一〇三13）

詩歌：《齊來榮耀歡笑頌讚》、《做個天父喜悅的孩子》、《在天上的爸爸》

以禱告結束，將榮耀歸神，求神掌管今天的聚會。

三. 家庭價值知多少

獎罰有道互愛家

時間：45分鐘

材料：拼圖

：彩色卡紙

：A型字母餅及茶點

預備：把6A房子圖（見頁102）放在簡報內。

：把6A房子圖的6個部分剪出，在圖底貼上雙面膠紙，製成拼圖。

1. 愛你變成害你

(1) 請一位男導師扮演祭司以利 ，出場説獨白故事：

> 各位！我是以利，被神揀選成為祭司，在聖殿事奉耶和華，連先知撒母耳也曾是我的徒弟。我本來有兩個兒子，我很疼愛他們，只可惜我沒有好好管教他們，以致神降罰給我的家及後代。
>
> 當我兒子年幼的時候，曾經搶奪以色列人獻給耶和華的祭物，我明知他們做錯，卻不捨得責備他們，怕他們會不開心，因此得罪耶和華。耶和華責備我「尊重兒子過於尊重祂」，後來我的家得不到神的祝福，兩個兒子在年輕時就戰死沙場。回想起來，我真的很後悔，當初不好好管教兒子。

(2) 導師在以利獨白後向各人提問：

「你覺得以利做錯了甚麼事，以致家庭得不到神的祝福呢？」

「以利為何會縱容兒子犯錯？」

請小朋友作答，讓小朋友代入成人、父親的角度去想。有時我們不想父親責備我們，但父親若不管教，其實是害了我們的。所以這問題由小朋友作答是最好的。

齊來加加分： 若小朋友的答案合情合理，便可加分，並以掌聲鼓勵。

導師小提醒： 為人父母，大家都很疼愛子女，但有時過分的疼愛，會否變成溺愛，以致縱容子女犯錯而得罪神？請家長反省是否有時跌落此陷阱而不自知？

2. 同建6A家

(1) 在《6A的力量》一書中，作者提到父母在教養子女時，應該恩威並施，不應過分嚴厲而令子女得不到愛護，也不應過分放縱子女，令他們變得不負責任。作者以建造房子作為比喻，6A的次序是由底層至屋頂（分別是1. 接納〔Acceptance〕；2. 讚賞〔Appreciation〕；3. 關愛〔Affection〕；4. 時間〔Availability〕；5. 責任〔Accountability〕；6. 權威〔Authority〕），以愛和約束來教養子女。[1]

(2) 導師用簡報把6A房子圖投影出來，並解釋其意義。

(3) 每個家庭各派一份6A房子拼圖及一張彩色卡紙，請他們全家人一起合作，按6A次序由底部至頂層把房子拼出來，貼在卡紙上。

(4) 完成後，請家庭成員商討，在各部分旁寫上分數(0~10分)。0分：做得不好或完全沒有做到；10分：這部分做得最好。舉例：接納5分，讚賞4分，關愛3分，時間2分，責任5分，權威10分。

(5) 每個家庭各自檢討6A房子的分數是否合格，這間屋的比例是否平衡，哪一部分分數較多，哪一部分分數較少，藉此檢討及改善管教子女的方式。

(6) 最後全家在6A房子圖上簽名，並帶回家中以作提醒。

導師小提醒： 鼓勵他們每隔一段日子再檢討6A房子各分數是否有進步，哪方面要再改善，哪方面仍缺乏。這圖有助子女具體明白父母有時須對他們施行約束管教，以令家庭關係能更平衡、更健康地發展。

家長給力點

時間：10分鐘

請每位家長分享在這次聚會中最欣賞子女哪方面的表現。讚賞後，再給子女一個擁抱。

親親天父

時間：10分鐘

把禱文以簡報形式投放出來（用紙卡顯示亦可）。由牧者或導師帶領，一起用禱文同心宣告（也可以主禱文代替）。

親愛的天父，求祢幫助父母，能按照祢的心意管教兒女；也求主讓孩子們有受教的心，順服的靈，敬畏神，遠離惡事。奉主名求，阿們！

感恩之言‧祝福之語

家人彼此說一句讚美及感謝的話，一同擁抱，由父親祝福禱告(如父親缺席，可由母親代替)。

我奉耶穌基督的名，祝福我的家人（說出名字），願恩惠、平安從我們的父神並主耶穌基督歸與你們！我們的家必定事奉耶和華。奉主名求，阿們！

彼此祝福

時間：5分鐘

一起唱詩歌《願你蒙福》，然後由牧者祝福家庭。

《願你蒙福》選自《祈禱仔唱詩歌3》，導師在唱詩歌時，可加上動作或彼此握手。

頒獎禮

聚會後設頒獎禮、拍家庭合照，再一起吃A型字母餅及茶點。

藉茶點的A型字母餅，提醒各人「6A的力量」管教方式。

四.家長照照鏡

在管教子女時，你是否正在建立子女良好的品格，並以身作則呢？怎樣的父母，便有怎樣的孩子，這是不變的定律。藉著互補性相處模式(Complementary Patterns)的反省，檢討管教子女的方式是否合宜。[1]

- 過分呵護 ⇨ 過分依賴
- 過分苛責 ⇨ 退縮無信心
- 過分縱容 ⇨ 衝動缺自制
- 過分遷就 ⇨ 過分自我
- 過分權威 ⇨ 扼殺獨特、阻礙自我肯定過程
- 尊卑逆轉 ⇨ 子女控制家人
- 尊重有序 ⇨ 自主友愛

在香港中華基督教青年會於二〇一〇年有關「教出好品格調查」的研究報告書中顯示：[2]

1. 受訪兒童近五成自認品格良好，但過半數會為自身利益講大話、罵人用語粗鄙、做錯事推卸責任。
2. 受訪兒童眼中，近四成家長平日品行欠佳，其中約七成同時忽視管教子女品格、三成則言行不一，寬己嚴人。
3. 受訪兒童眼中，僅有四成家長做到言行一致、身教言教並重。
4. 受訪兒童的品格深受家長的身教言教所影響，家長劣品，孩子亦有樣學樣。

基於以上的調查結果，香港中華基督教青年會副總幹事劉俊泉先生有以下建議：

1. 鼓勵家長言行一致；鼓勵家長多與子女坦誠溝通，避免不分原由的責罰。
2. 促請政府增撥資源辦家長課程，設立整全的品格教育課程，倡議品格教育由家庭開始。
3. 將品格確立為香港社會核心價值，打造有品城市。

五.真人真事

父母成功改善管教兒子方式

三歲的子洋自從入讀幼稚園之後就喜怒無常，活像一個未長大的寶寶。最後經專家教導及父母長時間努力，子洋終長大成人，懂得控制自己的情緒，並有良好的行為。

〈長不大〉，《愛子方程式(第一輯第六集)》。取自「香港教育城」網頁(http://www.hkedcity.net/article/formula/030606-008/video.phtml)；瀏覽於2013年6月。

六.父母加油站

1. 施道恩、凌葉麗嬋、劉穎：《爸爸，真的需要你？》。香港：關心友，2008。
2. 約瑟・麥道衛、迪克・戴依：《6A的力量》。黎穎、王培潔譯。香港：根基，2009。
3. 羅乃萱：《還我父母本色》。香港：家庭基建，2010。
4. 吳思源：《爸爸，你可以走進孩子的成長路》。香港：亮光文化，2013。

註釋

1. 陳幼莉:「家庭系統動力」（碩士級「婚姻及家庭輔導」課堂筆記，中國神學研究院，2012年9月）。
2. 取自「香港中華基督教青年會」網頁（http://www.ymca.org.hk/booklist.aspx?corpname=cymca&id=0cd8363c-88c8-45d3-bolc-b54bd3d32862&i=834&p=3）；瀏覽於2013年6月14日。

7. 尋夢之旅

開心遊戲醒一醒

逆境當自強 ⇨ 七十個七的饒恕

詩歌敬拜

《我要向高山舉目》

《主必看顧保守我們》

《你是我神》

家庭價值知多少

人生事件簿 ⇨ 家長給力點 ⇨

親親天父 ⇨ 感恩之言・祝福之語 ⇨

彼此祝福 ⇨ 頒獎禮

家長照照鏡 ⇨

真人真事 ⇨

父母加油站

經文：「生氣卻不要犯罪；不可含怒到日落。」（弗四26）

目的：約瑟深得父親寵愛，父親特別為他做彩衣，這引致哥哥們妒忌約瑟，把他賣到埃及，令約瑟吃了不少苦頭。後來約瑟做了宰相，他的哥哥們因饑荒而來求他幫助，約瑟原諒了他們，願意賜糧食及與他們和好。約瑟在逆境中仍等候神的帶領，不與罪妥協，不為自己伸冤，最終成為埃及宰相。他饒恕了哥哥們對他的傷害，並對他們說：「從前你們的意思是要害我，但神的意思原是好的，要保全許多人的性命，成就今日的光景。」（創五十20）

藉著約瑟的經歷，讓父母明白子女如能倚靠神去面對逆境，饒恕傷害他們的人，生命才能成長。所以，不要成為「怪獸家長」和「直升機父母」，過分地保護子女，不忍心讓他們面對困難，這樣做最終只會令他們變成長不大的孩子。

一.開心遊戲醒一醒

時間：15分鐘

材料：4個眼罩

：數包餅乾

：數盒紙包果汁

：4~8張桌子

先按人數分組，可以比賽形式進行，在不同的遊戲環節上加分，凝聚氣氛，評分必須公平公正、合情合理，適當時要表達讚賞和鼓勵。

：字卡

預備：導師預先準備一些與聚會人數配合的字卡，一半寫上「對不起」，一半寫上「我原諒你」。

逆境當自強

(1) 導師先在兩張桌子上，分別擺放一包餅及一盒果汁，並將桌子擺放在聚會地點不同的位置。留意桌子擺放的位置要有一定難度，不能太容易讓參加者拿取食物。

如地方許可，導師可多放兩張沒有食物的桌子，增加遊戲的難度。

(2) 導師按人數先分成兩組，一組是紅組，另一組是綠組，每組派兩人作代表戴上眼罩蒙著眼睛。

(3) 蒙了眼的隊員要在其他成員協助下，自轉三個圈。當導師宣佈：「現在饑荒缺糧，各位要想辦法覓食，否則便會餓死了。」四人便開始在指定時間內，尋找其中一張有食物的桌子，並以最快時間吃喝掉桌上的餅乾和飲品，然後除掉眼罩返回組內。

計時方法：可全體一同由一數至二十；又或用時計計時。

(4) 再找其他組員戴上眼罩繼續覓食（導師須補充桌上食物）。找不到食物的，便要站在一旁作飢民，把眼罩傳給另外兩位組員，讓他們接力戴上，然後再出去覓食；餘此類推，直至所有組員都參與過尋找食物為止。過程中，其他組員不能開聲作任何提示。

可能需要找一至二人維持秩序，以免發生推撞，造成意外。

齊來加加分： 遊戲完成後，可按組員能完成覓食行動的數目來加分。

七十個七的饒恕

(1) 導師預先準備好「對不起」和「我原諒你」字卡，請每人抽一張，抽到字卡後，不可給別人看。

(2) 當導師說：「不好了！你做錯了事。」拿著「對不起」字卡的人，便要找人說：「對不起」；若對方所持的字卡亦是「對不起」，便不能回答。直至找到拿著「我原諒你」字卡的人，並向他說：「我原諒你。」字卡配對成功，二人便成為贏家，大家握手及一同舉起字卡，兩人均可得到小禮物。

(3) 遊戲結束後，導師可帶領會眾一同拍手或一起以雙手交叉放於胸前，再張開兩手，以不同節奏說：「我愛你！我原諒你！天父愛我！天父原諒我！」進入詩歌敬拜環節。

> 遊戲可重複再玩，但要把原本的卡放回箱子內，再抽多一次，以免有人認得持卡人的字卡。

二.詩歌敬拜

時間：15分鐘

宣召：「我要向山舉目；我的幫助從何而來？我的幫助從造天地的耶和華而來。」（詩一二一1~2）

詩歌：《我要向高山舉目》、《主必看顧保守我們》、《你是我神》

以禱告結束，將榮耀歸神，求神掌管今天的聚會。

> 按人數設計領唱詩歌的形式。
> - 《我要向高山舉目》選自《讚美之泉兒童敬拜讚美專輯1》。
> - 《主必看顧保守我們》選自《可喜可樂之城4》。
> - 《你是我神》選自《天國人詩集5》。

三.家庭價值知多少

人生事件簿

時間：45分鐘

材料：1張貼有美麗、光明事物的圖片

：1張貼有醜陋、黑暗事物的圖片

：14張字卡

：數張黑色大卡紙

：1件彩衣

：彩色朱古力豆

預備：在14張字卡上，分別寫上以下的人生事件。第1張：品學兼優；第2張：曾入黑社會，會考零分；第3張：獲獎學金入大學；第4張：入讀大學音樂系；第5張：考入名校；第6張：成為總統；第7張：成為經濟學博士；第8張：帶毒被囚；第9張：患上抑鬱症；第10張：跳樓身亡；第11張：貪污被囚；第12張：因風化勒索案被定罪；第13張：殺了母親及妹妹；第14張：成為傑出青年。

：有關約瑟生平的簡報。

：在每張黑色大卡紙上分別寫上一項約瑟的良好品格：如尊重權柄、尊重婚姻的聖潔、堅持做正確的事、敬畏神、有智慧等等，以作遊戲的X光片。

1. 美夢VS惡夢

為人父母，到底是美夢還是惡夢？

(1) 導師先準備代表美夢（可以是美麗、光明的事物）及惡夢（可以是醜陋、黑暗的事物）的圖片各一張，分別貼在左右兩幅牆上或以簡報投影出來 。

(2) 準備14張人生大事卡。字卡反轉放在桌上，不可讓家長看見內容。然後問：「作為父母，你期望孩子將來會成為一個怎樣的人呢？」

可以簡報投影一些成功人士的照片，以刺激他們思考子女長大後會成為怎樣的人。

(3) 邀請各位家長輪流出來抽一張人生大事卡，大聲讀出來。然後家長可按字卡內容，判斷該張字卡，屬於美夢還是惡夢。如覺得是屬於美夢的，便站在美夢那邊，覺得是屬於惡夢的便站在惡夢那邊。

(4) 通常家長抽到「品學兼優」、「考入名校」、「獲獎學金入大學」、「成為總統」、「成為經濟學博士」、「成為傑出青年」、「入讀大學音樂系」等都會覺得是好而站到美夢那邊；而抽到「曾入黑社會，會考零分」、「帶毒被囚」、「患上抑鬱症」、「跳樓身亡」、「貪污被囚」、「殺了母親及妹妹」、「因風化勒索案被定罪」等都會覺得是不好而站到惡夢那邊。一般情況，家長都會作出這樣的選擇。待他們選擇好，手持抽到的字卡站定在美夢或惡夢那邊時，導師便要揭曉因果配對。

(5) 導師可以說人生是禍是福難以預料，因果配對大揭曉。根據香港報章曾報導的新聞內容顯示：

- 品學兼優的學生，殺了母親及妹妹。
- 曾入黑社會，會考零分，最後悔改信主，成為傑出青年。（例子：

呂宇俊）

- 獲獎學金入大學，因帶毒被囚。
- 入讀中大音樂系，因與母爭吵而跳樓身亡。
- 考入名校，因壓力太大而患上抑鬱症。
- 成為總統，因貪污被囚。（例子：前台灣總統陳水扁）
- 成為經濟學博士，因風化勒索案被定罪。

(6) 此時，站在美夢或惡夢兩邊的家長一定大感錯愕。導師可將美夢、惡夢的字卡配對成剛揭曉的因果配對。

導師小提醒： 家長都期望子女能贏在起跑點，聰明伶俐，品學兼優，所以從小便讓他們學習不同才藝，找名師補習，希望將來名成利就，但卻忽略了培養他們的品格及靈命。他們或有很高的學問，卻因品格不良，生命力不夠，以致容易犯罪或承受不了壓力而患上抑鬱症，最終都不能成功。

2. 約瑟品格X-Ray

(1) 導師投影有關約瑟生平的簡報，然後用故事講述約瑟的一生，並從中看出約瑟一生充滿起起跌跌，但同時又可看出神在當中的安排和心意。[1]

逆境	祝福	神的安排
約瑟險些被哥哥殺死，最終遭賣往埃及。	讓約瑟辦事盡都順利，得護衛長重用。	約瑟在埃及的護衛長處當上管家。
約瑟被護衛長的妻子誣告，陷入冤獄。	賜約瑟解夢的恩賜。	約瑟在獄中為酒政和膳長解夢。
酒政復職後，忘記救約瑟出監牢。	藉著夢預言將來的災禍，並把解決方法指示約瑟。	約瑟為法老解夢，被擢升為宰相。

(2) 故事講述完後，請一人穿上彩衣扮演約瑟，拿著黑色X光片，以照X光的形式把黑色卡紙放在胸前，然後請小朋友逐一在約瑟的手上抽出來，大聲讀出。

導師小提醒： 約瑟之所以能跨越逆境，其中一個原因就是當他經歷困難或成功時，都懂得向神感恩，對加害他的哥哥們也學會給予恩典、憐憫、饒恕。約瑟明白神在凡事上掌權，且沒有埋怨生命中所遭遇的困難，反而明白神的意思是好的，讓他早去到埃及，救回許多人的性命。「從前你們的意思是要害我，但神的意思原是好的，要保全許多人的性命，成為今日的光景。」（創五十20）約瑟因有耶和華與他同在，他就順利，他所服事的主人也都蒙福。

「法老對臣僕説：『像這樣的人，有神的靈在他裏頭，我們

豈能找得著呢？』」（四十一38）

若不信的人看見我們的行事為人，都能感到神的靈在我們裏面，我們才是成功的人。你們有神的靈在你心裏嗎？

家長給力點

時間：10分鐘

請每位家長分享在這次聚會中最欣賞子女哪方面的表現。讚賞後，再給子女一個擁抱。

親親天父

時間：10分鐘

把禱文以簡報形式投放出來（用卡紙顯示亦可）。由牧者或導師帶領，一起用禱文同心宣告（也可以主禱文代替）。

親愛的天父，求祢在我們遇到困難時，加給我們力量和信心；也求祢賜我們愛心，能夠饒恕得罪我們的人，並成為別人的祝福。奉主名求，阿們！

感恩之言‧祝福之語

家人彼此說一句讚美及感謝對方的話，一同擁抱，由父親祝福禱告（如父親缺席，可由母親代替）。

我奉耶穌基督的名，祝福我的家人（說出名字），願恩惠、平安從我們的父神並主耶穌基督歸與你們！我們的家必定事奉耶和華。奉主名求，阿們！

彼此祝福

時間：5分鐘

彼此握手、擁抱、同唱詩歌《願你蒙福》。

《願你蒙福》選自《祈禱仔唱詩歌3》，可加詩歌動作或彼此握手。

頒獎禮

聚會後設頒獎禮、拍家庭合照，再一起吃彩色朱古力豆及茶點。

四.家長照照鏡

作為父母，會否不忍心讓子女面對困難，因而事事代勞，過分保護子女，以致子女習慣依賴，經不起考驗，不能面對失敗呢？我們的下一代被稱為「港孩」和「小學雞」，不懂照顧自己，一不滿意便大發脾氣，也不會尊重長輩，遇到困難便立即放棄。豈不知生命的歷練，往往是從失敗和困境中有所學習，才能鍛煉出堅毅的信心和勇氣，達到遠大的目標。摩西在曠野四十年，約瑟經歷被賣和冤獄，仍順服等候神的帶領，結果被神磨練成為謙卑的領袖。我們是否願意放手，把孩子交給父神，讓他們經歷磨練，成為主的精兵？

五. 真人真事

No arms No legs No worries

以力克的生命見證，鼓勵家長永不放棄。

力克・胡哲：《我和世界不一樣》。DVD。香港：以琳書房，c.2008。

六. 父母加油站

1. 賴瑞・福樂：《下一個約瑟》。恩約譯。台北：中國主日學協會，2010。
2. 譚佩雲：《逆是祝福》。香港：家庭基建，2009。
3. 徐惠儀：《愛的選擇》。香港：家庭基建，2008。

註釋

1. 彭培剛主編：《童心愛主》主日學課程，高小級（1）教師手冊：《約瑟的福與禍》（香港：宗教教育中心，2010），頁92。

8. 一家之主

開心遊戲醒一醒

各行各路 ⇨ 跟主足印

詩歌敬拜

《高聲頌揚》、《我要盡心》
《最深愛的主》

家庭價值知多少

偶像大決戰 ⇨ 家長給力點 ⇨
親親天父 ⇨ 感恩之言．祝福之語 ⇨
彼此祝福 ⇨ 頒獎禮

家長照照鏡

真人真事

父母加油站

經文：「至於我和我家，我們必定事奉耶和華。」（書二十四15）

目的：約書亞被耶和華揀選，分別為聖，繼承摩西的領袖地位，率領以色列人進入迦南地。因他謹守遵行神的誡命，對神忠心，所以神讓他道路亨通，凡事順利，他無論往哪裏去，神必與他同在。當以色列民在迦南地定居後，他再次提醒百姓要敬畏耶和華，遠離偶像，並以身作則，向眾人宣告：「至於我和我家，我們必定事奉耶和華。」（書二十四15）

約書亞對神有堅定不移的信心，完成神所交付的使命，過敬畏神的生活，並帶領家庭事奉神。這可讓父親反省自己在生活上是否以神為一家之主，有沒有敬畏神，讓神作家庭元首帶領家庭的決定，還是以追求金錢、成就、物質、地位……為人生的目標。

一.開心遊戲醒一醒

先按人數分組，可以比賽形式進行，在不同的遊戲環節上加分，凝聚氣氛，評分必須公平公正、合情合理，適當時要表達讚賞和鼓勵。

時間：15分鐘

材料：數張不同顏色的卡紙

：數張白色卡紙

：數張黑色卡紙

：數張紅色畫紙

預備：不同顏色的卡紙剪成足印形，放在地上成為到不同目標的路線，並在終點放置一張與足印路線顏色相同的卡紙，背後寫上不同偶像的名稱。如跟著黃色足印走到終點，揭開紙牌是「拜黃大仙」；跟著金色足印走到終點，揭開紙牌是「拜金牛犢」。導師可按人數而增減路線，並以不同顏色的足印路線來代表不同偶像便可。

：黑、白色卡紙剪成足印；紅色畫紙剪成十字架，貼在白色足印卡上，然後白色足印卡與黑色足印卡相間貼在地上，分別貼成兩條黑白兩色相間的足印路線，終點貼上天堂紙牌。

各行各路

(1) 導師先為各人分組，分組後各組員排隊，排首位的組員負責代表組員抽出一種足印顏色。

(2) 全組成員須一個接一個跟著同色足印走，不可踏著其他顏色足印或踏在地上，各組要鬥快行到終點。

(3) 到達終點後才可揭開紙牌看，然後全組一同齊聲說：「棄絕偶像。」

齊來加加分： 最快完成的組別可獲加分。

跟主足印

(1) 把各人分成兩組比賽，每組只可踏白色足印，不可踏黑色足印，如踏錯黑色全組便要返回起點再開始。

(2) 最快走到天堂的一組便勝出。

(3) 遊戲完畢，導師帶領大家一同以不同節奏踏步，一邊說：「一路走，跟主走，步步與主同走！」然後準備心靈進入詩歌敬拜部分。

齊來加加分： 最快完成的組別可獲加分。

二.詩歌敬拜

按人數設計領唱詩歌的形式。
- 《高聲頌揚》選自《祈禱仔唱詩歌4》。
- 《我要盡心》選自《可喜可樂之城3》。
- 《最深愛的主》選自《讚美之泉兒童敬拜讚美專輯1》。

時間：15分鐘

宣召：「耶和華是我的力量，是我的詩歌；他也成了我的拯救。（詩一一八14）

詩歌：《高聲頌揚》、《我要盡心》、《最深愛的主》

以禱告結束，將榮耀歸神，求神掌管今天的聚會。

三.家庭價值知多少

偶像大決戰

時間：45分鐘

材料：不同的偶像圖片，如關公、觀音、四面佛等等

：紅色心形卡紙

：白色細紙條

：筆

：金色卡紙

：垃圾箱

：十字架形三文治

預備：金色卡紙剪成細小的十字架

1. 滿天神佛

(1) 把不同偶像的圖片以簡報投影出來。

(2) 導師可問各人：家裏有沒有放置偶像？家人有沒有曾經拜偶像呢？

(3) 請一些在未信主前曾拜偶像的家長，分享拜偶像和信耶穌有何不同，請他們講述拆除偶像的經歷和見證，但要引導他們盡量簡單直接，不要描述得過於恐怖，令小孩子恐懼。

導師小提醒：「不可敬拜別神；因為耶和華是忌邪的神，名為忌邪者。」（出三十四14）所以相信了主耶穌的人，只可敬拜祂，不可在家中放置偶像，或在旅遊參觀廟宇時進內上香。這都是神不喜悅的，我們要棄絕偶像，過聖潔的生活。

2. 心靈大掃除

(1) 每個家庭派一張紅色心形卡紙、一些白色細紙條及筆。以金色卡紙剪成細小的十字架，數量要足夠各家庭使用。

(2) 請他們在白色細紙條上寫一些阻礙他們專心親近神的事情，如網絡沉溺、崇拜明星、金錢、名利、房屋、名牌服飾等，然後將它們貼在心形卡紙上。

(3) 導師準備一個垃圾箱，放在中央位置，每一家庭輪流出來，一同宣告：

「至於我和我家，我們必定事奉耶和華。」然後把貼在心形卡紙上、寫上阻礙親近神事情的那些紙條撕破，掉進垃圾箱內，再將金色十字架貼在心形卡上，並返回座位。

導師小提醒： 神頒佈十誡，表示祂對祂的子民是有要求的，我們未必完全做到，但亦不能距離太遠，或違背誡命而生活。重溫十誡（出二十3～17），讓家庭中各人反省自己在生活上與神的要求距離有多遠。

家長給力點

時間：10分鐘

請每位家長分享在這次聚會中最欣賞子女哪方面的表現。讚賞後，再給子女一個擁抱。

親親天父

時間：10分鐘

把禱文以簡報形式投放出來（用卡紙顯示亦可）。由牧者或導師帶領，一起用禱文同心宣告（也可以主禱文代替）。

親愛的天父，願我們的家庭世世代代以祢做我們的居所，過聖潔的生活，讓祢的名在我全家被高舉，並成為世人的祝福。奉主名求，阿們！

感恩之言·祝福之語

家人彼此說一句讚美及感謝對方的話，一同擁抱，由父親祝福禱告（如父親缺席，可由母親代替）。

> 我奉耶穌基督的名，祝福我的家人（說出名字），願恩惠、平安從我們的父神並主耶穌基督歸與你們！我們的家必定事奉耶和華。奉主名求，阿們！

彼此祝福

時間：5分鐘

彼此握手、擁抱、同唱詩歌《願你蒙福》。

> 《願你蒙福》選自《祈禱仔唱詩歌3》，可加詩歌動作或彼此握手。

頒獎禮

聚會後設頒獎禮、拍家庭合照，再一起吃十字架形狀的三文治及茶點。

> 可預先準備食物或請各家庭一起製作十字架形狀三文治，然後一起享用。

四.家長照照鏡

我們的家庭是否以事奉神為人生的目標？

在這一個充滿競爭的商業社會裏，基督徒家庭很多時都不自覺地追隨了世界的價值觀。例如要居住在一幢價格昂貴的樓宇、擁有一輛名貴汽車、以學業成就或高尚職業為目標等。當我們不自覺地完全認同於這些世界上所謂的成功標準，並忘記了以事奉神為人生的目標，自然令我們容易因追逐名利而產生焦慮，又或常常與其他家庭作比較。

事實上，當我們的生活是以神為中心，敬畏神，先求祂的國和祂的義，我們一切所需，神都會加給我們。我們心裏若有從神而來真正的滿足和喜樂，便不需要和這世界的人作比較。在逆境中，我們可藉著禱告，經歷神的供應和預備。作家長的，要在這物質主義掛帥的社會中站穩，無論自身從事何種職業，子女就讀甚麼學校，生活條件如何，我們都要校正焦點，以事奉神為最終的人生目標。

五.真人真事

三個背景不同的家庭，三種不同的相處態度，卻找到相同的親子祕訣，就是以基督為一家之主，按照聖經的教導來教養孩子，每天與家人一起讀經禱告，把難題帶到主前，謙卑尋求神的寬恕與帶領，神的祝福定必臨到你家。

《親子情》。DVD。香港：福音傳播，c.1996。

六 父母加油站

1. 劉清虔：《猶太人的親子教育》。香港：浸信會，2010。

2. 楊牧谷：《家庭學狂狂想》。香港：更新資源，2009。

3. 駱玫玲：《家庭祭壇》。台北：橄欖，2012。

9. 同心同行婚姻路

開心遊戲醒一醒

口是心非 ⇨ 明知故犯

詩歌敬拜

《頌讚你！Hallelujah！》

《對魔鬼説No No No》

《神啊！求你鑒察我》

家庭價值知多少

家庭電台 ⇨ 家長給力點 ⇨

親親天父 ⇨ 感恩之言‧祝福之語 ⇨

彼此祝福 ⇨ 頒獎禮

真人真事

父母加油站

家長照照鏡

經文：「神啊，求你鑒察我，知道我的心思，試煉我，知道我的意念，看在我裏面有甚麼惡行沒有，引導我走永生的道路。」（詩一三九23~24）

目的：初期教會鼓勵信徒賣產捐銀。亞拿尼亞和妻子撒非喇在賣了田產後，把價銀私自留下幾分，其餘的幾分則拿來放在使徒腳前，以為沒有人知道。彼得說撒但充滿了他們的心，叫他們欺哄聖靈。因此，神懲罰他們，夫婦兩人先後仆倒，氣絕身亡（徒五1~11）。

藉著此事件，讓夫婦知道婚後二人成為一體，在生活各種決定上應互相提醒，避免同流合污而得罪神，後悔莫及。夫婦也要每天彼此代禱，切勿因關係不和而互相仇恨，爭吵或冷戰，給魔鬼留地步，攻擊家庭，以致羞辱神的名。

一.開心遊戲醒一醒

先按人數分組，可以比賽形式進行，在不同的遊戲環節上加分，凝聚氣氛，評分必須公平公正、合情合理，適當時要表達讚賞和鼓勵。

材料：卡紙

：1頂款式特別、尺碼較大的帽子

預備：導師在卡紙上分別寫上不同的讚美詞，如你很漂亮、你很聰明、你很高、你很幽默、你很善良、你很慷慨等等。

口是心非

(1) 導師預備寫了讚美詞句的卡紙。

(2) 分組輪流進行比賽，每組請一人坐在椅子上，抽一張卡紙，不要讓別人看到卡上的字。然後把讚美形容詞的相反詞說出來，如將「你很漂亮」說為「你很醜陋」、「你很聰明」說為「你很笨」等等。

(3) 其餘組員聽到這相反詞後，便要立刻猜猜卡上所寫的是甚麼讚美詞。舉例來說，當坐在椅子上的人抽到「你很漂亮」這卡時，便說「你很醜陋」，組員卻要說「你很漂亮」，每答對一次便加一分。

(4) 一組完成後到下一組。

齊來加加分：哪組在預定時間內抽得最多卡而又說得對的便勝出，可加分。

明知故犯

(1) 先分成兩組進行比賽，舉例一組是紅組，另一組是綠組。

(2) 紅組圍成一圈，派一人戴著帽子站在圈中，戴帽的組員可走動，但不可蹲下來；其他紅組組員手拉著手圍著保護他。

(3) 遊戲開始，綠組組員要想盡辦法取走紅組戴帽組員的帽子。

(4) 取得帽子後，立刻把帽子戴在一個綠組組員頭上，其他綠組組員又要圍成一圈保護他不被紅組取走帽子。

這遊戲玩得快時會出現混亂，為避免這情況，每當有帽子被取去時，導師要停一停，清楚宣佈現在是哪一組戴帽子，哪一組要取帽子，可加設秩序分，鼓勵他們減少碰撞、衝突。

齊來加加分：在限定時間內被人取去帽子次數較少的那組便勝出，可加分。

(6) 導師帶領以雙手扼著拳頭前後打轉，轉向左邊說：「頌讚你，哈利路亞。」再轉向右說：「稱讚你，哈利路亞。」然後舉起雙手擺動說：「哈利路亞」，以不同節奏重複數次（這是預習第一首詩歌副歌的動作），然後進入詩歌敬拜環節。

二.詩歌敬拜

時間：15分鐘

宣召：「耶和華在天上立定寶座；他的權柄統管萬有。」（詩一〇三19）

詩歌：《頌讚你！Hallelujah！》、《對魔鬼說No No No》、《神啊！求你鑒察我》

以禱告結束，將榮耀歸神，求神掌管今天的聚會。

按人數設計領唱詩歌的形式。
- 《頌讚你！Hallelujah！》選自《可喜可樂之城4》。
- 《對魔鬼說No No No》選自《May姐姐兒童詩歌》。
- 《神啊！求你鑒察我》選自《佳音兒童歌集》。

三.家庭價值知多少

家庭電台

時間：45分鐘

材料：新聞稿簡報

：聖經故事簡報

：金幣朱古力

預備：把標題為「基督教早期教會震撼事件：亞拿尼亞和撒非喇夫婦因欺哄聖靈而猝死」的新聞稿，製作簡報。

：把聖經中有關故意犯罪而被神降禍的事件，製作簡報。

：把聖經中有關犯罪後願意悔改而被神赦免的人，製作簡報。

1. 特別新聞報導

(1) 導師先用簡報把「亞拿尼亞和撒非喇夫婦因欺哄聖靈而猝死」的新聞投影出來。讓各人能初步了解案件，並揀選相關角色扮演（角色：亞拿尼亞、撒非喇、彼得及數名青年）。

(2) 導師扮演新聞報道員，以家庭電台特別新聞報道形式將事件讀出。「基督教早期教會震撼事件：亞拿尼亞和撒非喇夫婦因欺哄聖靈而猝死」。

(3) 報道員拿著咪一邊報道，一邊請其他演員以角色扮演方式把案件重演出來。

今天有一個名叫亞拿尼亞的人，和他的妻子撒非喇賣了田產，把價銀私自留下幾分，其餘的幾分則拿來放在使徒腳前。神讓彼得知道他們存心欺哄聖靈，亞拿尼亞首先仆倒死亡，數名少年人把他包裹，抬出去埋葬了。約三小時後，他的妻子撒非喇進來，還不知道這事，同樣告訴彼得賣田地的價銀就是這些，彼得責備她和丈夫同心試探主的靈，最後她也仆倒死亡，被數名少年人抬出去，埋在他丈夫旁邊。全教會和聽見這事的人都甚懼怕（徒五1~11）。

導師小提醒： 這案件沒有經法官審訊便立刻執行死刑，因為神是審判者，夫婦二人同心欺哄神，所以刑罰如此重。聖靈參透萬事，我們心中的一切，祂都知道。「只有神藉著聖靈向我們顯明了，因為聖靈參透萬事，就是神深奧的事也參透了。」（林前二10）我們要以心靈誠實地敬拜神，不要故意犯罪，惹神發怒。

2. 因果報應大事回顧

(1) 導師先用簡報把聖經中有關故意犯罪而被神降禍的事件逐一投影出來。並在其中一張投影片寫上「敬畏神 VS 無有怕」，待他們作出判斷。

(2) 導師帶領各家庭就以下事件一同討論，如果你是主角的朋友，在他未滅亡前，你會如何勸他悔改，請他們表達意見，家長或小朋友均可作答。

亞干偷取耶和華命定要毀滅的物件，以致神的怒氣向以色列人發作，最後亞干在耶和華面前被以色列民用石頭打死（書七章）。

烏西雅王因心高氣傲，藐視神的命令，進入耶和華的殿，在香壇上燒香，以致耶和華降災給他，全身長滿大麻瘋，直到死的那日（代下二十六章）。

(3) 以簡報把聖經中犯罪後願意悔改而被神赦免的人逐一介紹。

(4) 如果你是主角的朋友，你會怎樣幫助他不再陷入罪的網羅，持守過聖潔的生活？

大衛王因犯姦淫罪（撒下十一章），被先知拿單責備後憂傷痛悔，寫下詩篇五十一篇悔罪詩，神赦免他的罪，讓他有清潔的心、正直的靈，並稱他為合神心意的人。

耶穌饒恕行淫時被捉拿的婦人，免她被羣眾的石頭擲死，並提醒她以後不要再犯罪（約八1~11）。

導師小提醒： 耶和華對明知故犯且毫無悔意的人，是會非常嚴厲地懲罰的。相反，對於願意真心悔改的人，神會施予恩典，因為耶和華是既公義又慈愛的神。我們若犯罪要立刻悔改，更不可故意犯罪得罪神。

家長給力點

時間：10分鐘

請每位家長分享在這次聚會中最欣賞子女哪方面的表現。讚賞後，再給子女一個擁抱。

親親天父

時間：10分鐘

把禱文以簡報形式投放出來（用卡紙顯示亦可）。由牧者或導師帶領，一起用禱文同心宣告（也可以主禱文代替）。

親愛的天父，願祢保守我們的心，勝過保守一切，因為一生的果效是由心發出。奉主名求，阿們！

感恩之言·祝福之語

家人彼此說一句讚美及感謝對方的話，一同擁抱，由父親祝福禱告（如父親缺席，可由母親代替）。

我奉耶穌基督的名，祝福我的家人（說出名字），願恩惠、平安從我們的父神並主耶穌基督歸與你們！我們的家必定事奉耶和華。奉主名求，阿們！

彼此祝福

時間：5分鐘

彼此握手、擁抱、同唱詩歌《願你蒙福》。

《願你蒙福》選自《祈禱仔唱詩歌3》，可加詩歌動作或彼此握手。

頒獎禮

聚會後設頒獎禮、拍家庭合照，再一起吃金幣朱古力及茶點。

四.家長照照鏡

夫妻在婚後要反省有沒有時常為對方禱告，彼此分享生活上的掙扎，並建立支援的系統。當孩子出生後，很容易把精神和時間全花在孩子身上，而忽略了培養夫妻二人的親密關係。現代社會的道德價值淪亡，夫妻間如沒有彼此提醒和支持，過敬畏神的生活，很容易便陷入貪婪和婚外情的試探中。如果你們現在已陷入試探中，不要享受罪中之樂，要早日回轉。

夫妻在奉獻上也應同心，把當納的十分一奉獻給神，神必敞開天上的倉庫，傾福於你們。「萬軍之耶和華說：你們要將當納的十分之一全然送入倉庫，使我家有糧，以此試試我，是否為你們敞開天上的窗戶，傾福與你們，甚至無處可容。」（瑪三10）

五.真人真事

以何志滌牧師、何羅乃萱師母作為一個典範，提醒我們自己對另一半的了解有多深？婚姻亮起紅燈前有甚麼警示？如何營造美滿的關係，使婚姻歷久常新？

何志滌、羅乃萱：《蒙福婚姻·甜蜜密碼》。CD。香港：家庭基建，c.2005。

六.父母加油站

1. 史多美・奧瑪森：《如何為你的丈夫禱告》。俞一菱譯。台北：以琳書房，2001。
2. 史多美・奧瑪森：《如何為你的妻子禱告》。陳晨光譯。台北：以琳書房，2001。
3. 賴諾曼：《夫妻與主同行》。陳玲琇譯。加州：台福傳播中心，1995。

第三部分

節日教案

10. 福杯滿溢

開心遊戲醒一醒

福從天降 ⇨ 祝福管道

詩歌敬拜

《敬拜舞曲》、《祝福》
《耶和華祝福滿滿》

家庭價值知多少

齊來接福 ⇨ 家長給力點 ⇨
親親天父 ⇨ 感恩之言‧祝福之語 ⇨
彼此祝福 ⇨ 頒獎禮

家長照照鏡

真人真事

父母加油站

經文：「你必將生命的道路指示我。在你面前有滿足的喜樂；在你右手中有永遠的福樂。」（詩十六11）

目的：在充滿壓力和戾氣的都市中，人很容易便會説出粗俗的話、嘲諷別人的話和負面的話，這些話往往帶給別人很大的傷害。我們所説的話，甚至會在孩子的心裏存留一生之久，形成他們看待自己和別人的方式，影響深遠。藉著慶祝新年的日子，提醒家長要常常彼此説祝福和造就人的話，產生有力的正面影響，帶來生命而不是死亡，帶來祝福而不是咒詛，帶來鼓勵而不是沮喪。當父母曉得時常説造就孩子的話，孩子的生命便可漸漸地被建立起來，從而成為祝福的管道。

一.開心遊戲醒一醒

先按人數分組，可以比賽形式進行，在不同的遊戲環節上加分，凝聚氣氛，評分必須公平公正、合情合理，適當時要表達讚賞和鼓勵。

時間：15分鐘

材料：「福」字利是封數個

：2條紙皮箱做成的隧道

預備：「福」字利是封裏面，分別放著寫上不同祝福語的字條，如主恩常偕、主賜平安、福杯滿溢、常常喜樂等等，但切記不要寫鼓勵人貪財的祝福語，如恭喜發財、財源廣進等等。

：可用紙皮箱製作隧道或在玩具店購買塑膠隧道。

福從天降

(1) 導師先預備放了祝福語字條的「福」字利是封。分兩組輪流比賽，一組玩完才到另一組。

(2) 先把所有利是封全放在一張用完即棄的膠檯布上，一組先派四位家長拉著檯布的四角舉起，中間盛滿利是封。

> 提醒小朋友拾利是封時不可碰撞別人，也不可搶別人的利是封。此環節可設秩序分，以鼓勵小朋友要守秩序，避免混亂。

(3) 播放祝福的詩歌音樂，請小朋友雙手搭著前面小朋友的肩膀，排成一行，隨著音樂在膠檯布下穿過（像玩「有隻雀仔跌落水」的遊戲般）。

(4) 音樂一停止，四位家長便把膠檯布上的利是封全倒下來，小朋友在數十秒時間內，把利是封拾起。

齊來加加分： 以拾獲的利是封數量來決定每組分數（即十封加十分，餘此類推）。

祝福管道

(1) 在地上放置兩條紙皮隧道，分兩組比賽，只限小朋友參與穿隧道。每組分別派所有小朋友站在隧道口排成一行，並派一家長站在隧道的另一邊。

(2) 先把剛才的利是封全放在一個箱子內，箱子放在小朋友的隧道入口處。

(3) 遊戲開始，各組小朋友輪流在箱子裏取一利是封，然後爬入紙皮隧道內穿過對面，站在家長面前，打開利是封內的字條，讀出祝福語（如主賜平安），讀完可返回原位，由另一位組員接力拿取利是封再開始，直至全組完成。

導師帶領雙手作揖（如新年恭喜手勢），一同向旁邊的人說：「祝福你！祝福你！願主祝福你！福氣永遠臨到你！」

齊來加加分：哪一組最快完成可多加分，其他組別也要酌量加分以作鼓勵。

二.詩歌敬拜

時間：15分鐘

宣召：「擊鼓跳舞讚美他！用絲絃的樂器和簫的聲音讚美他！」（詩一五〇4）

詩歌：《敬拜舞曲》、《祝福》第二節、《耶和華祝福滿滿》副歌

以禱告結束，將榮耀歸神，求神掌管今天的聚會。

按人數設計領唱詩歌的形式。在這慶祝新年的日子，讓我們以不同的樂器，一起來敬拜讚美天父。

- 《敬拜舞曲》選自《童心童唱兒童詩歌集》。
- 《祝福》選自《可喜可樂之城4》。
- 《耶和華祝福滿滿》選自《讚美之泉敬拜讚美專輯2》。

三.家庭價值知多少

齊來揞福

時間：45分鐘

材料：紅色紙條數張

：科學毛筆數支

：彩色朱古力豆

：賀年食品

預備：以話劇故事內容製作簡報。

1. 咒詛變祝福

(1) 導師先用簡報把話劇內容投影出來，並安排組員演繹。

話劇內容：

一位父親與孩子一同禱告時說：「天父啊！我感謝讚美祢！因為祢賜我兒女，他們真是祢給我的產業。奉主名求，阿們。」

禱告完後，父親問兒子：「你今次考試的成績如何？」

兒子低下頭說：「英文和數學都不合格。」

父親憤怒地對兒子說：「你真是一條懶蟲，腦袋這麼笨，還不勤力一點，將來你去做乞丐吧！」

(2) 短劇結束後，導師引導小朋友指出劇中的父親有甚麼不對的地方，並請他們說出當聽到這些話時的感受。

齊來加加分：小朋友分享後，無論內容如何，只要合情合理，都可加鼓勵分。

(3) 用簡報把以下經文投影出來，請家長一起朗讀出來。

「我們用舌頭頌讚那為主、為父的，又用舌頭咒詛那照著神形像被造的人。頌讚和咒詛從一個口裏出來！我的弟兄們，這是不應當的！」（雅三9~10）

(4) 提醒作為父母或子女的，不可只在教會或祈禱時就稱頌神，但在別的時候卻説粗俗、咒詛或傷害人的説話，頌讚和咒詛從一個口裏出來是不應當的，是神不喜悦的。

(5) 導師向父親發問，假如他們知道兒子成績不好，他們可以對兒子説些甚麼話，為他帶來祝福，而不是咒詛呢？請每個家庭的父親回答，能説出正面祝福話語者，例如：「我也知你有盡力，願天父賜你聰明智慧，在考試時可發揮得更好。」便可得小福袋禮物一份（或以福字利是封放小禮物），以作鼓勵。

導師小提醒：天父喜歡我們説祝福和頌讚的話，不喜歡我們説咒詛的話語。「溫良的舌是生命樹；乖謬的嘴使人心碎。」（箴十五4）

2. 祝福揮春密密送

(1) 請每個家庭在紅色紙條上寫兩句祝福語，然後互相贈送給其他家庭，彼此祝福。

導師小提醒：帶領一同朗誦以下的小提醒：「祝福説話不嫌多，咒詛説話勿出口；生命話語應多説，天父祝福到你家。」

家長給力點

時間：10分鐘

請每位家長分享在這次聚會中最欣賞子女哪方面的表現。讚賞後，再給子女一個擁抱。

親親天父

時間：10分鐘

把禱文以簡報形式投放出來（用卡紙顯示亦可）。由牧者或導師帶領，一起用禱文同心宣告（也可以主禱文代替）。

親愛的天父，求祢讓作父母的，不要惹兒女的氣，只要照著主的教訓和警戒，養育孩子。求主膏抹我們的口，常說祝福別人的話。奉主名求，阿們！

感恩之言・祝福之語

家人彼此說一句讚美及感謝的話，一同擁抱，由父親祝福禱告（如父親缺席，可由母親代替）。

我奉耶穌基督的名，祝福我的家人（說出名字），願恩惠、平安從我們的父神並主耶穌基督歸與你們！我們的家必定事奉耶和華。奉主名求，阿們！

彼此祝福

時間：5分鐘

彼此握手、擁抱、同唱詩歌《願你蒙福》。

《願你蒙福》選自《祈禱仔唱詩歌3》，可加詩歌動作或彼此握手。

頒獎禮

聚會後設頒獎禮、拍家庭合照，再一起吃賀年食品。鼓勵各家庭當日穿中國服拍新年全家福，預備福字相架及裝飾來擺放照片，讓他們帶回家紀念。

四.家長照照鏡

俄國文學家契訶夫（Anton Chekhov） 的一席話對我們的提醒：

你曾因一句「做得好」的讚賞而心花怒放？

你曾因一句「努力吧」而從失敗中站起來？

你曾因一句「算了吧」而放下心頭大石？

你曾因一句「我愛你」而肯定自我價值？

我們都喜歡聽到鼓勵的說話，但我們卻因為生活逼人，引致心情煩躁，忘記對我們的孩子說讚賞和安慰的說話。起初，神創造天地，也是用「說話」來成就的（參創一章）。「因為他說有，就有，命立，就立。」（詩三十三9）由此可知，說出來的話語是具有能力的。「生死在舌頭的權下，喜愛它的，必吃它所結的果子。」（箴十21）為人父母者，應多向兒女說出祝福和鼓勵的話語，藉此提升孩子的自信心，並建立良好的自我形像，讓他們能健康快樂地成長。就由今天開始，每天祝福你的孩子吧！

五.真人真事

咒詛變祝福

黃兆祺夫婦育有一嚴重弱智及天生唇裂、顎裂的自閉症兒子澤林，當專家們對他束手無策的時候，他的母親毅然放棄優薪工作，即使耗盡積蓄，也要親手撫養澤林。豈知神要她在淚水中看得見神蹟……

祝福延續篇

這是《咒詛變祝福》的續篇，青少年時期的澤林，由從前很容易暴燥、常發脾氣及無法表達自己的情緒，現在學會了有愛心、溫和、喜樂。澤林能有這樣的奇妙改變，全因為媽媽靠著神所成就的果子。

黃兆祺：《咒詛變祝福 + 祝福延續篇》。DVD 。香港：真証傳播，c2000。

六.父母加油站

1. 傑克．海福德：《祝福你的孩子》。潘秋松譯。加州：美國麥種傳道會，2003。

2. 浸宣出版社編：《祝福滿滿——彼此相愛篇》。香港：浸宣，2009。

3. 天道傳基協會編：《父母成長之說話的力量》。香港：天道傳基協會，2008。

11.耶穌生日會

開心遊戲醒一醒

超級褓母 ⇨ 禮物速遞員

詩歌敬拜

《齊唱聖誕快樂歌》

《萬國齊來歡呼》

《耶穌主基督我愛祢》

家庭價值知多少

齊來迎接小耶穌 ⇨ 家長給力點 ⇨ 親親天父 ⇨ 感恩之言・祝福之語 ⇨ 彼此祝福 ⇨ 頒獎禮

家長照照鏡 ⇨ **真人真事** ⇨

父母加油站

經文：「因有一嬰孩為我們而生；有一子賜給我們。政權必擔在他的肩頭上；他名稱為『奇妙策士、全能的神、永在的父、和平的君』。」（賽九6）

目的：因為伯利恆的旅館都客滿了，所以耶穌在馬槽裏誕生。後來，約瑟和馬利亞帶耶穌到耶路撒冷聖殿那裏，行律法禮儀。當時有一個名叫西面的人，聖靈告訴他，在他死之前，一定會見到彌賽亞。他在聖殿遇見耶穌，十分高興，並為此稱頌神。

在這聖誕的日子，很多人藉耶穌的名慶祝，卻不知耶穌其實是誰。耶穌出生時是一個特別的嬰孩，祂來世上有一個很重要的目的，就是把救恩帶給世人。因祂是彌賽亞，當時人人都希望能看見祂，如果今天你看見嬰孩耶穌，你會像西面一樣高興嗎？你會怎樣待祂？

一.開心遊戲醒一醒

先按人數分組，可以比賽形式進行，在不同的遊戲環節上加分，凝聚氣氛，評分必須公平公正、合情合理，適當時要表達讚賞和鼓勵。

時間：15分鐘

材料：2個玩具嬰兒

：2條尿布／尿片

：2套嬰兒衣服

：2個玩具奶瓶

：2個鋪滿棕色皺紙的紙箱作馬槽（或以生果藤籃鋪滿棕色皺紙作馬槽）

：10張桌子

：數個空的小禮物盒

：耶穌臥在馬槽裏的圖片

預備：在一些空的小禮物盒外面貼著耶穌臥在馬槽裏的圖片。

超級褓母

(1) 以五張桌子排成一行，共排兩行。

(2) 在兩排的桌子上，按次序擺放不同的物件：第一張桌子各放置玩具嬰兒、第二張桌子各放置尿布、第三張桌子各放置嬰兒衣服、第四張桌子各放置玩具奶瓶、第五張桌子各放置馬槽。

(3) 分兩組各派兩個同齡小朋友和兩個父親作代表比賽。第一次派小朋友出賽，第二次由父親出賽。

(4) 遊戲開始，參賽者由第一張桌子開始，將玩具嬰兒當作嬰孩耶穌，然後一站一站照顧。

首先從第一張桌子將嬰兒抱往第二張桌子包尿布，再抱往第三張桌子穿嬰兒衣服，再抱往第四張桌子餵奶，最後將嬰兒安放在馬槽。小朋友完成後到父親比賽。

可請一位家長任評判員，在過程中看看是否有步驟出錯。導師在遊戲開始前須對包尿布、穿嬰兒衣服或其他須留意的事情作出清晰的指引，以免出現爭拗。

齊來加加分： 不論是小朋友或父親出賽即計時，兩組鬥快，最快及正確完成所有步驟的組別便勝出，全組可加分。如有某步驟出錯，例如尿布包得不好、衣服鈕扣沒扣好等便要扣分。

禮物速遞員

(1) 把貼著耶穌臥在馬槽裏的圖片的禮物盒分別放在兩張桌子上。

(2) 分兩組比賽，把每組組員按人數平均分站兩邊，並分別排成一直行，例如一組有十個人，則五人站在一邊是禮物速遞員，另五人站在他們對面是未信者，中間則放置禮物檯。

(3) 遊戲開始，第一位禮物速遞員負責拿一份禮物速遞到對面的未信者，未信者接過禮物後，便跟隨第一位禮物速遞員，歸入他們那邊，排第二位的禮物速遞員便可開始速遞程序，直至站在對面的未信者手上都拿著禮物盒，並站在同一邊，即代表全都得著救恩。

齊來加加分：兩組比賽，最快完成的一組便勝出加分。

(4) 導師帶領一同以不同節奏，邊拍手邊説：「Happy Birthday Jesus!」以愉快的心情進入詩歌敬拜中。

二.詩歌敬拜

時間：15分鐘

按人數設計領唱詩歌的形式。
- 《齊唱聖誕快樂歌》（New Century Workshop〔HK〕）。
- 《萬國齊來歡呼》選自《祈禱仔唱詩歌3》。
- 《耶穌主基督我愛祢》選自《可喜可樂之城3》。

宣召：「今日我們慶祝耶穌的生日，耶穌出生當天，有天使說：『在至高之處榮耀歸與神！在地上平安歸與他所喜悅的人！』」（路二14）

詩歌：《齊唱聖誕快樂歌》、《萬國齊來歡呼》、《耶穌主基督我愛祢》

以禱告結束，將榮耀歸神，求神掌管今天的聚會。

三. 家庭價值知多少

齊來迎接小耶穌

時間：45分鐘

材料：耶穌誕生的圖片

：耶穌誕生的故事內容

：1個玩具嬰兒

：1個蛋糕（或可以空的禮物盒、彩色卡紙代替）

：茶點

預備：把有關耶穌誕生的圖片和故事整合成為簡報。

1. 降生的故事

(1) 把耶穌誕生的故事圖片一邊投影出來，一邊說故事。故事要簡短，不須說得太複雜，只要交代耶穌在伯利恆降生、天使報喜信、牧羊人去馬槽、幾個博士見耶穌，利用圖片簡單講述便可。因為小朋友在教會或學校可能已詳細聽過這故事，亦不鼓勵以角色扮演來演繹故事。

(2) 故事説完後，請一個小朋友把一個玩具嬰兒放在馬槽裏。

(3) 一起唱《齊唱聖誕快樂歌》一次。

(4) 導師先問小朋友在哪兒出生，他們大部分會回答説是在醫院出生，也可能有些例外，在家或其他地方出生，也請容讓他們表達為何自己會在那兒出生。

(5) 然後一同比較耶穌在馬槽出生和我們在醫院出生的分別，如馬槽是沒有醫療設備的，醫院有醫生和護士照顧；馬槽較骯髒，醫院較衛生等等。

導師小提醒： 耶穌是彌賽亞（Messiah），即是「基督」的意思（約一41），是神的兒子，有著尊貴的身分，理應降生在一個與身分匹配的地方，但他竟選擇降生在馬槽，代表祂願意謙卑來到世上服事人，而非高高在上控制人，我們也要學耶穌謙卑服事人。

2. 耶穌生日會

(1) 將蛋糕（或禮物盒、彩色卡紙）放在桌上，請一個女孩子打扮成天使拿著星星棒，説：「耶穌今天已經誕生了！祂要來你的家探望你，你們要為祂開一個生日會，現在就要準備一份禮物送給他吧。」

(2) 請每個家庭一同商量，家中有何最珍貴的東西可送給耶穌，然後畫或寫在卡紙上（可以是實物如全家之寶的古董、黃金十字架等等，亦可以是非實物如愛、喜樂、感恩、才藝等等），畫或寫好後將卡紙放進禮物盒內，預備將禮物送給耶穌。

(3) 導師抱著嬰孩耶穌説：「耶穌現在要來探訪你們了。」然後逐一到每一個家庭前，請他們把禮物送給耶穌，並打開禮物盒展示卡紙上畫或寫的東西，告訴大家送了甚麼給耶穌，並説出原因。

(4) 最後導師代表耶穌説：「謝謝你！祝福你的家！」

導師小提醒： 今天主耶穌已活在我們心中，並成為我們一家之主。耶穌喜歡我們每天都和祂談話，我們也可以每天做一些耶穌喜歡我們做的事，如傳福音、幫助人等等，當作禮物送給耶穌。耶穌的生命為世人帶來祝福，我們也要學習耶穌，讓自己的生命成為別人的祝福。我們已準備好生日蛋糕（留待茶點時間享用），一會兒便可開一個生日會慶祝耶穌生日了。

家長給力點

時間：10分鐘

請每位家長分享在這次聚會中最欣賞子女哪方面的表現。讚賞後，再給子女一個擁抱。

親親天父

時間：10分鐘

把禱文以簡報形式投放出來（用卡紙顯示亦可）。由牧者或導師帶領，一起用禱文同心宣告（也可以主禱文代替）。

親愛的主耶穌，感謝祢降生為人，為要賜給我們救恩，我們願意接受這份珍貴的禮物，並願意將這大喜的信息告訴每一個人。奉主名求，阿們！

感恩之言・祝福之語

家人彼此説一句讚美及感謝對方的話，一同擁抱，由父親祝福禱告（如父親缺席，可由母親代替）。

我奉耶穌基督的名，祝福我的家人（説出名字），願恩惠、平安從我們的父神並主耶穌基督歸與你們！我們的家必定事奉耶和華。奉主名求，阿們！

彼此祝福

時間：5分鐘

彼此握手、擁抱、同唱詩歌《願你蒙福》。

《願你蒙福》選自《祈禱仔唱詩歌3》，可加詩歌動作或彼此握手。

頒獎禮

聚會後設頒獎禮、拍家庭合照，再一起吃剛才已準備的聖誕蛋糕及茶點。

四.家長照照鏡

耶穌降世為人，為要拯救罪人。我們可怎樣回應祂的愛呢？我們的家庭是否已把最好的獻給主耶穌呢？全家之寶可以是代代相傳的一些良好傳統，可以是信仰、樂於助人、孝順父母、尊師重道、追求學問等等；也可以是一些恩賜，如彈奏樂器、唱詩歌、跳舞、廚藝等等；也可以是金錢、珠寶等等。如果我們和子女能運用這些在家裏看為寶貴的物品，去祝福身邊的人，便是送了一份大禮物給耶穌了。

我們是否願意接受耶穌作為救主，認罪悔改、每天過聖潔的生活，把生命全然交給耶穌呢？如果你已是基督徒，便應作美好的見證，把福音傳給未信的人，特別是貧窮人。在這聖誕的日子，鼓勵你全家人一起做一件幫助人的事或奉獻金錢給有需要的人。「我實在告訴你們，這些事你們既做在我這弟兄中一個最小的身上，就是做在我身上了。」（太二十五40）

五.真人真事

十個雲彩般的真實見證，來自不同背景及階層的基督徒，帶來不一樣的生命改變。

《愛生命、愛香港》。DVD。香港：真証傳播，c.2011。

六.父母加油站

1. 留至晴：《看見孩子看見生命》。香港：家庭基建，2008。

2. 約翰・麥卡瑟：《每日效法基督》。王瑜玲譯。加州：美國麥種傳道會，2009。

3. 溫偉耀：《透視人生》。VCD。香港：基督教卓越使團，c.1993。

12.不再一樣的生命

開心遊戲醒一醒

雞蛋變雞仔 ⇨ 脫去舊人，穿上新人

詩歌敬拜

《榮耀神羔羊》、《一份禮物》

《愛是不保留》

家庭價值知多少

破解聖經謎團 ⇨ 家長給力點 ⇨

親親天父 ⇨ 感恩之言．祝福之語 ⇨

彼此祝福 ⇨ 頒獎禮

家長照照鏡 ⇨ **真人真事** ⇨ **父母加油站**

經文：「不要效法這個世界，只要心意更新而變化，叫你們察驗何為神的善良、純全、可喜悅的旨意。」（羅十二2）

目的：耶穌基督不但是復活的主，從死裏復活，勝過死亡，祂也有能力叫人從死裏復活。祂曾叫拿因城寡婦的獨生子、睚魯的女兒及拉撒路從死裏復活過來，藉此顯出祂的大能，讓神得榮耀。祂也是生命的主，相信祂的人必得著新生命（可五21~24、35~43；路七11~17；約十一1~6、17）。

在記念耶穌基督復活的日子，鼓勵家庭要靠著耶穌的大能，改掉壞習慣，每天心意更新，成為新造的人，彰顯神的榮耀。

一.開心遊戲醒一醒

時間：15分鐘

材料：4個籃子

：一籃生雞蛋

：一籃玩具小雞

：2隻湯匙

：2件黑色風衣

：2件白色風衣

先按人數分組，可以比賽形式進行，在不同的遊戲環節上加分，凝聚氣氛，評分必須公平公正、合情合理，適當時要表達讚賞和鼓勵。

雞蛋變雞仔

(1) 分兩組比賽，每組排成一行，在每組前放置一籃生雞蛋，在對面放置一個載有玩具小雞的籃子。

(2) 第一個組員從前面的籃取一隻雞蛋放在湯匙上，運送到對面的籃子將蛋放下，並要確保雞蛋完好無損，再在籃子換一隻玩具小雞，放在湯匙內，然後返回原位拿著玩具小雞。

(3) 將湯匙交給下一位組員再取蛋，直至全組每個組員手上都拿著一隻玩具小雞為止。

齊來加加分： 最快運送完畢那組便勝出，可加分。

脫去舊人‧穿上新人

(1) 分兩組比賽，每組排成一行。小朋友排前，家長排後，可由矮至高排列，主要方便穿上及除下風衣，第一位組員先穿上黑色風衣。

(2) 第一位組員脫去黑色風衣，傳給後面組員讓他穿上後再除下，然後再將黑色風衣交給下一位組員（每位組員均需穿上再除下黑色風衣），直至最後一位組員穿上了黑色風衣。

(3) 當導師見最後一位組員穿上了黑色風衣後，便把一件白色風衣給第一位組員穿上，然後再脫去白色風衣，傳給後面的組員輪流穿上再除下，如之前的做法。

(4) 直至最後一位組員除下黑色風衣穿上白色風衣，便將黑色風衣交給導師。

(5) 導師要留意這遊戲進行速度較快時，會容易引起混亂。所以每組要有兩名評判，一個站在組員前面，另一個在後面，監察整個過程，特別是穿風衣時有沒有整件穿上，或只是披上便算。若發現不及格者，須要求該組暫停並重新開始。故導師在遊戲開始前，要清楚表明正確穿風衣的要求，但只須整件穿上，毋須拉上拉鍊。

齊來加加分： 哪一組最快及最有秩序地完成便勝出，可加分。

(6) 導師帶領以不同節奏舉起雙手説：「榮耀、榮耀、榮耀」，然後雙手放於胸前説：「神羔羊」。準備以平靜的心情進入詩歌敬拜中。

二.詩歌敬拜

時間：15分鐘

宣召：「但願頌讚、尊貴、榮耀、權勢都歸給坐寶座的和羔羊，直到永永遠遠！」（啟五13）

詩歌：《榮耀神羔羊》、《一份禮物》、《愛是不保留》

以禱告結束，將榮耀歸神，求神掌管今天的聚會。

按人數設計領唱詩歌的形式。
- 《榮耀神羔羊》選自《新歌頌揚350首》。
- 《一份禮物》選自《可喜可樂之城5》。
- 《愛是不保留》選自《美麗傳奇8》。

三.家庭價值知多少

破解聖經謎團

時間：45分鐘

材料：4套耶穌時代的男性服飾（或以布披搭）

：2套耶穌時代的女性服飾（或以布披搭）

：多份舊報紙

：放大鏡

：紗布或廁紙

：大量白卡紙或普通白紙

：水筆

：剪刀

：朱古力復活蛋和茶點

預備：把白卡紙或普通白紙貼上，變成一張足夠讓小朋友躺在其上的大卡紙，可按聚會的小朋友人數而製作相應的大卡紙。

1. 聖經偵探大追蹤

(1) 預先請一個男導師穿上耶穌服飾扮演耶穌，再請三個男孩子及兩個女孩子，穿上聖經人物的服裝，分別扮演拿因城寡婦（女）及她的獨生子（男）、睚魯（男）及他的獨生女（女）及拉撒路（男）。

(2) 扮演三名死者的孩子要躺在地上，扮演拉撒路的，要預先用紗布或廁紙包著臉和身，身旁擺放由報紙搓成的石塊，以扮作墳墓，當拉撒路復活後，可將假石塊挪開，以示他從墳墓走出來。

(3) 另一位導師扮演聖經偵探，拿著放大鏡，來到現場。聖經偵探說：「聽聞耶穌是基督，大有能力，在世上的時候，曾經叫三個已死的人復活。我有點懷疑，現在我來到現場查一查死者身分，並證實耶穌是否真的能讓三名死者復活。」

(4) 聖經偵探先走向拿因城寡婦，當時寡婦正在她的獨生子身旁哭泣。耶穌對拿因城寡婦的獨生子說：「少年人，我吩咐你起來！」那少年人立刻就站起來。寡婦高興地擁抱著兒子，對耶穌說：「謝謝你！」（路七11~17）

(5) 聖經偵探接著走向睚魯，睚魯正在哭泣，耶穌拉著睚魯女兒的手，她便起來了。睚魯很開心地擁抱著女兒，對耶穌說：「謝謝你！」（太九25）

(6) 最後聖經偵探去到拉撒路的墳墓，看見耶穌走到墳墓前大聲呼叫說：「拉撒路出來！」他就挪開那報紙搓成的石塊出來了。當時拉撒路手腳和臉仍裹著布。耶穌對他說：「解開，叫他走！」拉撒路把布拿開，高興地與耶穌握手說：「謝謝你！」（約十一41~45）

(7) 待三位復活者離開後，聖經偵探便說：「嘩！耶穌真是大有能力。實地觀察後，證明耶穌確曾叫三位死者復活。」請會眾一同鼓掌，歸榮耀給神。

(8) 聖經偵探和所有扮演者可退去並除下服飾。

導師小提醒： 耶穌除了能叫死人復活外，其實我們這些仍活著的人，都可因著相信耶穌而經歷靈性上的復活，是重生了的人，例如：

從前常說謊，現在不說謊；從前偷竊，現在不偷竊等，這樣的生命就好像從死裏復活一樣。

2. 我有新生命

(1) 請每個家庭的小朋友各自躺在白色大卡紙或普通紙上，家長用白板筆依小朋友的身體形狀在旁畫出身形，然後請小朋友離開畫紙，再用剪刀把形狀剪出來。

(2) 請小朋友用白板筆在人形卡紙的頭部畫上五官和頭髮，另請家長把小朋友的優點寫在人形卡紙身上。

(3) 完成後，每個家庭輪流帶著人形卡，一起站出來，由家長說出小朋友的優點及希望他們改善的地方。說完後，全體拍出「愛的鼓勵」來鼓勵小朋友繼續發揮優點，改善弱點，脫去舊人，穿上新人，就像死人復活一樣。

導師小提醒： 我們若單靠自己的能力，是很難改掉壞習慣的。惟有倚靠聖靈的大能，生命才可以改變，所以要多為自己的生命能讓神得榮耀而禱告。

家長給力點

時間：10分鐘

請每位家長分享在這次聚會中最欣賞子女哪方面的表現。讚賞後，再給子女一個擁抱。

親親天父

時間：10分鐘

把禱文以簡報形式投放出來（用紙卡顯示亦可）。由牧者或導師帶領，一起用禱文同心宣告（也可以主禱文代替）。

> **親愛的主耶穌，祢是大有能力的神，復活在祢，生命也在祢。求祢賜我們能力，改掉壞習慣，每天過榮耀祢的生活。奉主名求，阿們！**

感恩之言·祝福之語

家人彼此說一句讚美及感謝對方的話，一同擁抱，由父親祝福禱告（如父親缺席，可由母親代替）。

> **我奉耶穌基督的名，祝福我的家人（說出名字），願恩惠、平安從我們的父神並主耶穌基督歸與你們！我們的家必定事奉耶和華。奉主名求，阿們！**

彼此祝福

時間：5分鐘

一起唱詩歌《願你蒙福》，然後由牧者祝福家庭。

> 《願你蒙福》選自《祈禱仔唱詩歌3》，可加詩歌動作或彼此握手。

頒獎禮

聚會後設頒獎禮、拍家庭合照，再一起吃復活蛋及茶點。可以是朱古力蛋，或將剛才用作遊戲之用的生蛋煮熟一齊享用。

四.家長照照鏡

我們雖然已經相信耶穌，成為基督徒，得著主所賜的新生命。但在生活上，我們是否仍享受罪中之樂？或是你已悔改，決心離開罪惡，完全沒有再犯神不喜悅的罪，但內心仍被以前所犯的罪帶來的罪咎感和羞恥感所捆綁，未能感受到真正的自由？若真如此，請你接受主的赦免和醫治。羔羊寶血可塗抹你一切的過犯，因耶穌的鞭傷，我們可得醫治。「他被掛在木頭上，親身擔當了我們的罪，使我們既然在罪上死，就得以在義上活。因他受的鞭傷，你們便得了醫治。」（彼前二24）這是主給我們的應許，我們要欣然接受。

在這記念基督復活的日子，鼓勵你把「老我」釘死在十字架上，並與基督同死、同葬、同復活，每天被聖靈更新，活出新生命的樣式。當你願意把生命交託給主時，祂必賜你力量勝過一切試探，過聖潔的生活，你和你的後代必得著豐盛的生命。

五.真人真事

推介《地茂廚神》及《零分亞sir與滿分人生》兩張影碟，兩位主角都曾在罪惡裏面，但因著神的救恩，他們願意離開黑暗，進入光明。如死人復活般，有一個新的生命，一個榮耀神的生命。

地茂廚神

究竟地茂廚神是怎樣由暴君變成愛妻愛主的模範？影片中妻子對丈夫偉大的愛是最為人所感動的，而廚神的表白，也顯示自己深切的悔意和對妻子的感激。

《地茂廚神》。VCD。香港：影音使團，c.1999。

零分小子

呂宇俊在他的生命中遇到愛他的牧師、教師和社工，在他惶惑無助時作他的避難所，令他及時醒悟「浪子回頭」，才造就了今日脫胎換骨的呂Sir。

呂宇俊：《零分亞sir與滿分人生》。DVD。香港：影音使團，c.2008。

六.父母加油站

1. 李曼：《五天令孩子大翻新》。麥陳惠惠譯。香港：天道，2010。
2. 華・夏理遜：《孩童面對的困境》。胡陳佩瑩譯。香港：香港萬國兒童佈道團，1999。
3. 劉世增：《因為我耶和華是醫治你的》。香港：以利亞使團，2001。

愛是恆久忍耐，又有恩慈；
愛是不嫉妒；愛是不自誇，
不張狂，不作害羞的事，
不求自己的益處，不輕易發怒，
不計算人的惡，不喜歡不義，只喜歡真理；
凡事包容，凡事相信，
凡事盼望，
凡事忍耐。
愛是永不止息。

緊扣時代　服事教會

以文字傳揚基督真道

讀者意見表

衷心多謝你購買本社書籍。本社一直致力以出版事工服事教會，幫助信徒扎根於神的話語，促進靈命增長。為使我們的出版更能滿足你的需要，請填寫下列各項資料，並寄回或傳真予本社。

所購書籍：______________________

本書最吸引你的地方：
□作者　□適切性　□文筆　□設計　□實用性
□其他：______________________

購買本書地點：
□基道書樓　□基督教書店　□非基督教書店

性別：□男　□女　職業：______________

信仰：□基督徒　□非基督徒

年齡：□ 16 歲或以下　□ 17～25 歲　□ 26～35 歲
□ 36～55 歲　□ 56 歲或以上

學歷：□中三或以下　□中五　□預科
□大學　□研究院

□我欲更多了解基道出版社的事工及考慮支持，請寄給我下列資料：
□機構簡介　□新書資料　□基道會員通訊
□《基道文字事工通訊》

姓名：______________ 電話：______________

地址：______________________

____

傳真：______________ 電子郵件：______________

其他意見：______________________

____

多謝賜教！

意見表可以傳真（2687-0281）或直接郵寄以下地址：
香港沙田火炭坳背灣街26號富騰工業中心1011室
基道出版社編輯部收